Gerlinde Blahak

Freiarbeitsaufgaben für den Kunstunterricht

40 abwechslungsreiche Ein-Stunden-Projekte mit minimalem Vorbereitungsaufwand

Die Autorin

Gerlinde Blahak ist Studienrätin mit den Fächern Englisch, Geschichte, Sozialkunde und Kunsterziehung.
Sie hat an einer Realschule und einer Fachakademie für Sozialpädagogik gearbeitet und bereits mehrere Werke im Bereich Kunstpädagogik veröffentlicht.

Gedruckt auf umweltbewusst gefertigtem, chlorfrei gebleichtem und alterungsbeständigem Papier.

1. Auflage 2019

Grafik: sämtliche Lösungsbilder und Zeichenanleitungen: Gerlinde Blahak; Stern (Angabe des Schwierigkeitsgrades): Katharina Reichert-Scarborough ; Bild S. 86 © imhope – Fotolia.com
Satz: L101 Mediengestaltung, Fürstenwalde

ISBN: 978-3-403-20442-8

www.persen.de

Inhaltsverzeichnis

Jahrgangsstufe 8–10

Vorwort

Zur Konzeption von Freiarbeitsaufgaben für das Fach Kunst:

- Die Schüler[1] arbeiten „frei", d. h. selbstständig und autonom. Das bedeutet, dass sie selbst entscheiden, welchen Vorschlag sie bearbeiten.
- Die Anleitungen sind Schritt für Schritt so klar und präzise gestaltet, dass die Schüler keine Intervention (und Vorbereitung) vonseiten der Lehrkraft benötigen.
- Die Themen wurden schüler- und altersgerecht ausgewählt und nach Jahrgangsstufen und Schwierigkeitsgrad gestaffelt.
- Da eine Vielzahl von Methoden und Techniken angeboten wird, fällt es den Schülern leicht, sowohl bereits Erlerntes wieder aufzugreifen, als auch sich neue Ideen anzueignen.
- Ein häufiger Wechsel der Techniken innerhalb einer Aufgabe vermag den Spannungsbogen und die Motivation bei den Schülern zu erhöhen.
- Die Schüler können unmittelbar mit den Aufgaben beginnen, da bewusst nur mit einfachen Materialien und Werkzeugen gearbeitet wird, die bei den Schülern oder im Kunstraum vorhanden sind.
- Alle Aufgaben sind übersichtlich auf einer Doppelseite dargestellt und können z. B. kopiert, in einem Kasten oder Ordner aufbewahrt, von dort entnommen und wieder eingeordnet werden.
- Die Themen verstehen sich zudem auch als Impuls für eigene, weiterführende Ideen der Schüler.
- Alle Ergebnisse lassen sich gut für Plakatentwürfe, Karten, Aufkleber und dergleichen weiterverwenden.
- Da die Aufgaben im Allgemeinen nur 30 Minuten in Anspruch nehmen, ist sichergestellt, dass die Schüler ihre Aufgabe auch beenden.
- Somit erweist sich das künstlerische Freiarbeitsangebot als ideal für Vertretungsstunden oder für Schüler, die bereits eine Aufgabe abgeschlossen haben und lässt sich auch von fachfremd Unterrichtenden problemlos einsetzen.

Gerlinde Blahak

---

[1] Wir sprechen hier wegen der besseren Lesbarkeit von Schülern bzw. Lehrern in der verallgemeinernden Form. Selbstverständlich sind auch alle Schülerinnen und Lehrerinnen gemeint.

Jahrgangsstufe: 5–7

Schwierigkeitsgrad: ★

Was du brauchst:
weißes Papier (DIN A4), Bleistift, Radiergummi, Lineal, schwarzer Filzstift (feinzeichnend), Bunt- und Filzstifte

So geht's:

1. Nimm weißes Papier (DIN A4) quer und zeichne mit Lineal und Bleistift einen Kiosk / eine Verkaufsbude in Seitenansicht.

Tipps zur Gestaltung:

- Dach mit Markise
- großes Verkaufsfenster
- Werbetafeln, z. B. für Eiscreme
- Verkäufer im Innenraum

2. Zeichne mit dem Lineal in der Mitte der Blattfläche eine Horizontlinie und 5 cm von der unteren Blattkante entfernt eine Strandlinie.
3. Lass Boote und Schiffe auf dem Meer entlangziehen und deute Wellen an.
4. Vom Himmel strahlt die Sonne: Zeige das durch kleine geschwungene Kreisbögen.
5. Entwirf zusätzlich einige Wolken.
6. Vor der Bude haben sich nebeneinander Leute angestellt.

Tipps zur Gestaltung:

- Entwickle sie aus Strichmännchen: ein Kreis als Kopf, ein Strich für den Rumpf, Striche für Arme und Beine (abgewinkelt), Hände und Füße als Ovale.
- Zeichne nun um die Striche herum Kleidungsstücke: Shirts, Hosen, Schuhe, Hüte, Kappen.
- Füge Gesichtszüge (Punkt, Punkt, Komma, Strich!) und Frisuren hinzu.
- Denke auch an Schirme, Wagen, Taschen, Handys …
- Zeichne unter und hinter den Figuren kurze Schatten und kleine Sandhügel aus Punkten.
- Ziehe alle Entwurfslinien mit feinzeichnendem schwarzem Filzstift nach.

7. Gestalte das Bild mit Bunt- und Filzstiften aus.

Lösungsvorschlag

Jahrgangsstufe: 5–7

Schwierigkeitsgrad: ★

Was du brauchst:
weißes Papier (DIN A3), Malkasten, Wassergefäß, Pinsel (z. B. Nr. 6), schwarzer Filzstift

So geht's:

1. Falte weißes Papier (DIN A3) in der Mitte zusammen und klappe es wieder auf.
2. Tauche einen Pinsel in Wasser und nimm eine beliebige Farbe aus dem Malkasten auf.
3. Tupfe einen Farbklecks auf die eine Hälfte des weißen Papiers.
4. Klappe das Papier wieder zusammen und reibe fest mit der Hand über die feuchte Stelle. Wenn du das Papier wieder aufklappst, siehst du zwei symmetrische Formen.
5. Wiederhole den Vorgang mit zwei bis drei weiteren Farben.
6. Lass das Blatt kurz trocknen.
7. Betrachte die Kleckse und überlege, wo du Augen, Nase und Mund einzeichnen willst.

Tipps zum Zeichnen:

- Zeichne mit schwarzem Filzstift.
- Du kannst in die farbigen Flächen zeichnen oder in den weißen Hintergrund.
- Du kannst die Ränder der Kleckse betonen oder darüber hinauszeichnen.
- Zeichne Umrisse und große Ohren dazu.
- Ergänze Augenbrauen, Wimpern, Zähne, Bartstoppeln, Gesichtsfalten …
- Vielleicht passen auch ein Stirnband oder Ohr- und Nasenringe dazu.

Lösungsvorschlag

Jahrgangsstufe: 5–7

Schwierigkeitsgrad: ★

Was du brauchst:
weißes Papier (DIN A4), Bleistift, Radiergummi, Papierreste für Schablonen, Schere, schwarzer Filzstift (feinzeichnend), Buntstifte, Lineal

So geht's:

1. Nimm weißes Papier (DIN A4) senkrecht.

Umrisse für die Katze:

2. Falte einen Papierrest in der Mitte und zeichne die Hälfte des Katzenkörpers und des Kopfes mit Bleistift genau an die Faltkante (Zeichenanleitung 1 / 2).
3. Schneide die Teile aus und klappe sie auf.
4. Zeichne die Umrisse auf dem DIN-A4-Blatt nach.
5. Zeichne Augen, Schnauze und Schnurrhaare auf.
6. Lege die Form der Beine und Pfoten fest.
7. Zeichne seitlich einen Schwanz dazu.

Muster für die Katze:

1. Teile die Körperfläche in Streifen, Kreise oder Kästchen auf.
2. Erfinde Muster (Punkte, Spiralen, Zickzacklinien …).
3. Ziehe alle Linien mit feinzeichnendem schwarzem Filzstift nach.
4. Fülle die Teilflächen mit Buntstiften aus. Drücke nur leicht auf („Schummern“).

Tipps:

- Zeichne mit dem Lineal eine Grundlinie, auf der deine Katze sitzt.
- Entwirf neben der Katze einige schwungvolle Kissenformen.

Zeichenanleitung und Lösungsvorschlag

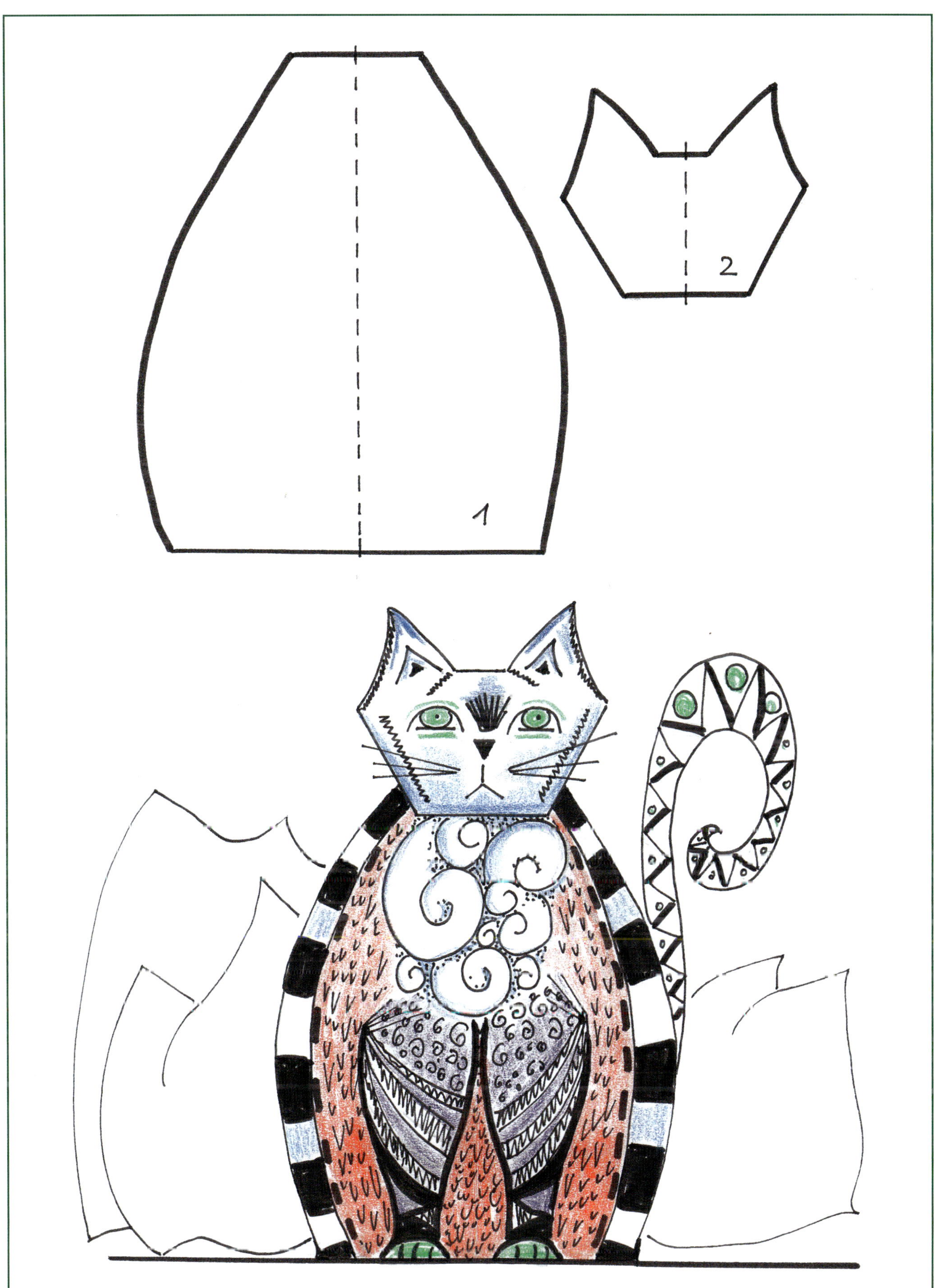

Jahrgangsstufe: 5–7

Schwierigkeitsgrad: ★

Was du brauchst:
Fotokartonreste, Joghurtbecher als Kreisschablone, Bleistift, Schere, Filzstifte, Klebestift, Tacker, (evtl. farbiges) Papier für den Gutscheintext (DIN A6)

So geht's:

Vorbereitung und Kappe:

1. Zeichne auf Fotokartonresten mit Bleistift zweimal den oberen Rand eines Joghurtbechers nach.
2. Schneide die zwei Kreise aus.
3. Zeichne auf einem weiteren Kartonrest die Hälfte des Joghurtbecherrandes nach.
4. Verbinde die zwei Endpunkte der Linie mit einem nach innen zeigenden Bogen.
5. Schneide die Form aus.
6. Klebe die Form etwas versetzt auf das obere Drittel einer der Kreisschablonen.
7. Befestige sie in der Mitte zusätzlich mit dem Tacker.
8. Überklebe die Klammer mit einem kleinen bunten Kartonstück.

Gesicht:

1. Lege die zwei Kreise an den freien Seiten aufeinander und hefte sie mit dem Tacker unten und seitlich zusammen. Der obere Teil muss offen bleiben.
2. Zeichne auf die Kopfschablone mit Bleistift verrückte Gesichtszüge: große Augen, breite Nase, Riesenmund.
3. Gestalte das Gesicht mit Filzstiften aus.

Gutscheintext:

1. Schreibe auf ein Blatt (DIN A6) einen Gutscheintext (oder Einladungs-, Glückwunschtext).
2. Falte das Blatt mehrmals zu einem Streifen.
3. Schneide an einer der zwei schmalen Seiten ein kleines Dreieck heraus.
4. Stecke das gefaltete Papier schräg in die Tasche. Lass einen Teil als Kappenschmuck herausragen.

Lösungsvorschlag

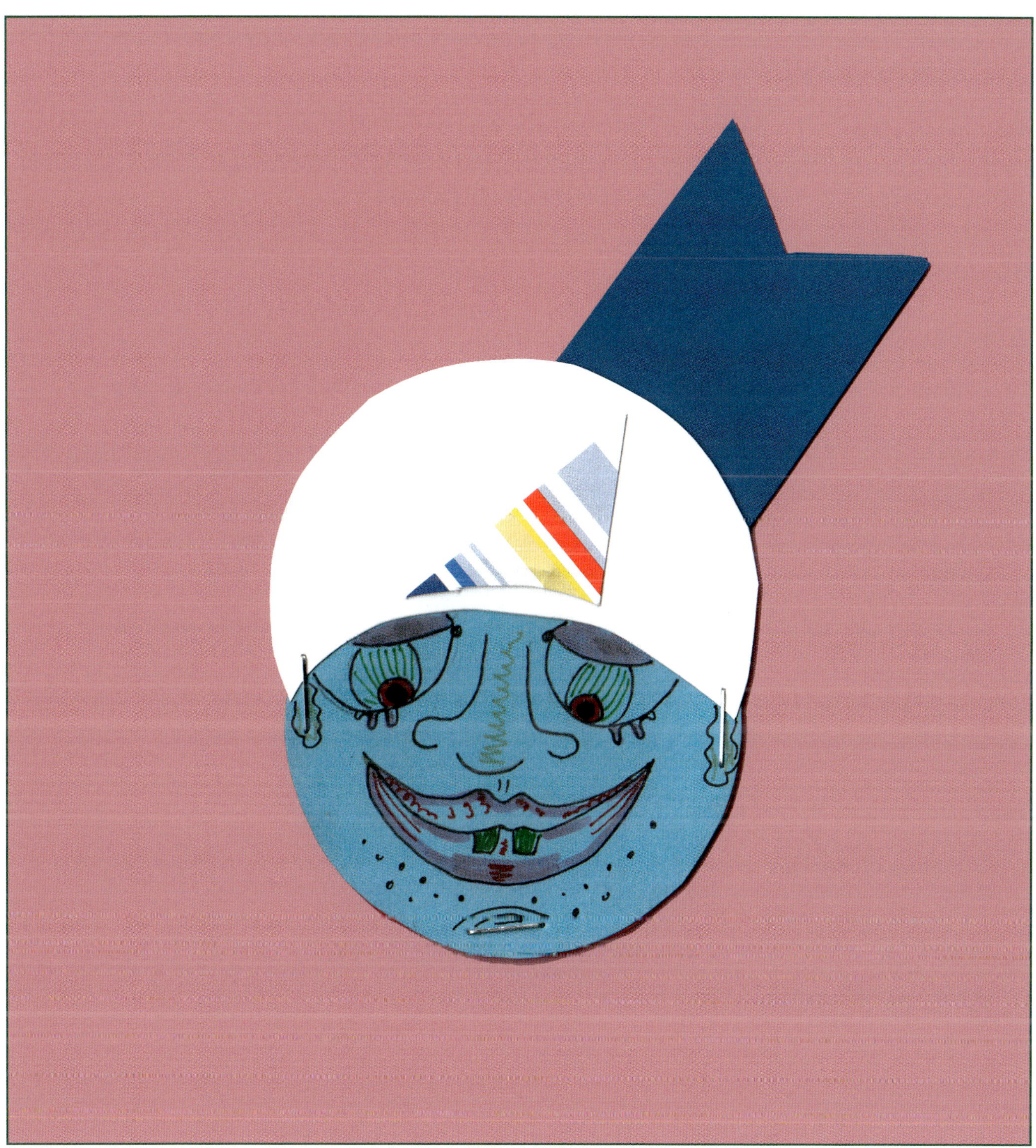

Jahrgangsstufe: 5–7

Schwierigkeitsgrad: ★

Was du brauchst:
weißes oder farbiges Papier (DIN A4), gemustertes Papier (DIN A5), Tonpapierrest, Schere, Klebestift, Bleistift, Lineal, schwarzer Filzstift (feinzeichnend), bunte Filzstifte

So geht's:

Krawatte:

1. Lege dir gemustertes Papier zurecht (DIN A5), z. B. Geschenkpapier oder Zeitungspapier.
2. Fertige eine Krawatte nach dem Schnittmuster an.
3. Suche einen farblich passenden Tonpapierrest für den Kragen aus.
4. Schneide ein Rechteck (ca. 7 cm x 2 cm) nach dem Schnittmuster zurecht. Dies wird der Hemdkragen.
5. Klebe es in die untere Hälfte eines weißen oder farbigen DIN-A4-Blattes. Die Enden müssen abstehen.
6. Klebe die Krawatte mittig auf den Kragen und klappe die beiden Kragenecken schräg nach vorne. Du kannst sie dreidimensional abstehen lassen oder auch mit Klebestift befestigen.

Typ:

1. Entwirf mit Bleistift über dem Kragen ein lustiges Gesicht, z. B. einen Mann mit Haarkranz, einen Rapper, eine Servierdame, einen Lehrer, einen Hund, eine Katze, eine Disneyfigur …
2. Zeichne alle Linien mit feinzeichnendem schwarzem Filzstift nach.
3. Setze zum Schluss bunte Filzstifte ein, um Akzente zu setzen.

Schnittmuster und Lösungsvorschlag

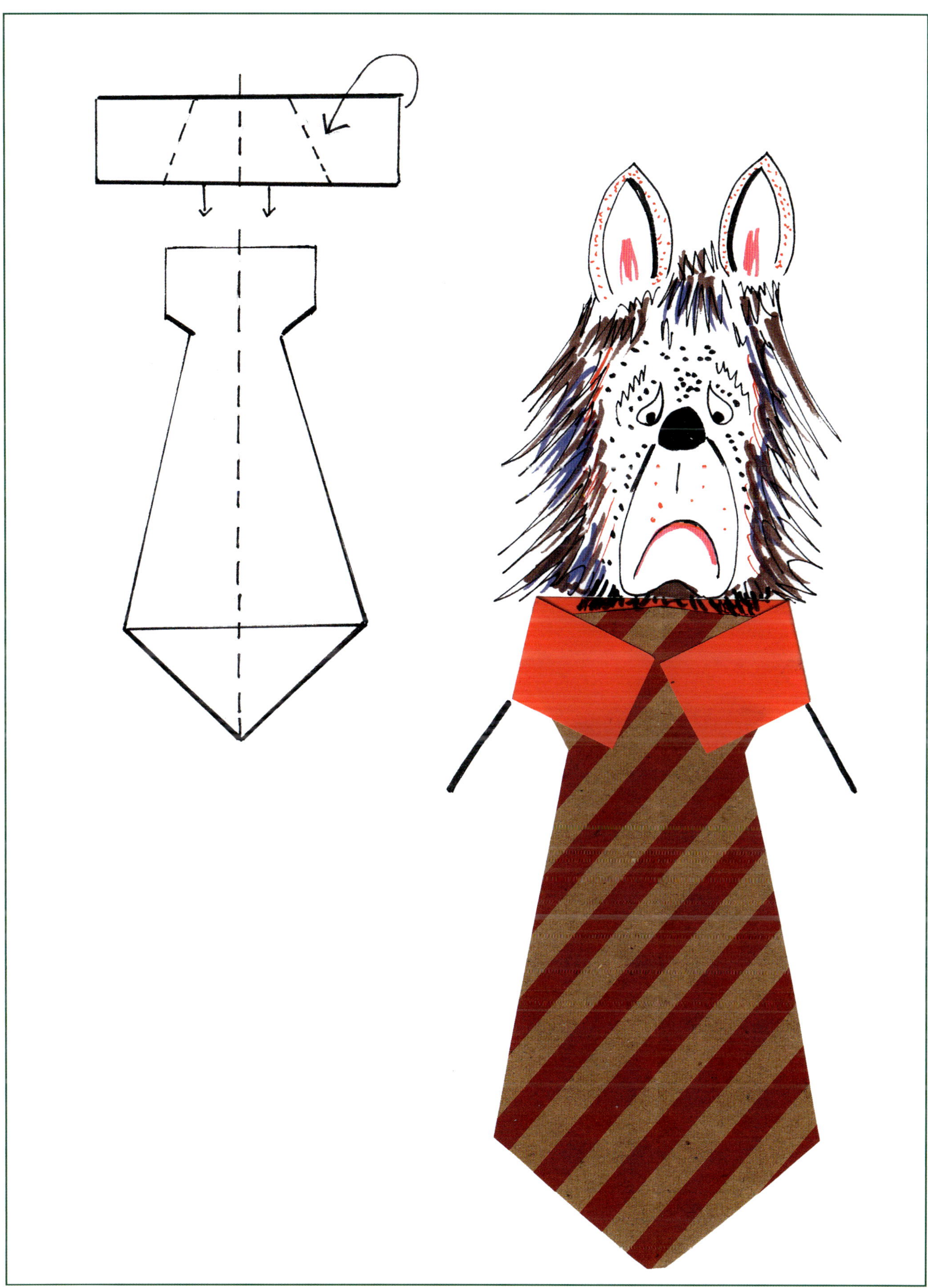

Jahrgangsstufe: 5–7

Schwierigkeitsgrad: ★

Was du brauchst:
weißes Papier (DIN A4 oder DIN A3), Lineal, Bleistift, Radiergummi, schwarzer Filzstift (feinzeichnend), bunte Filzstifte, evtl. farbiger Tonkarton

So geht's:

1. Nimm weißes Papier (DIN A4 oder DIN A3) senkrecht.
2. Zeichne mit Bleistift und Lineal drei bis vier waagerechte Linien verteilt auf die Fläche des Papiers (Schulterpartie der T-Shirts, Zeichenanleitung Schritt 1).
3. Vervollständige nun die Hemden: Zeichne die Ärmel, den Halsausschnitt und den unteren Teil des T-Shirts (2). Hier kannst du einfach zwei gleich lange senkrechte Linien ziehen und am unteren Ende mit einer waagerechten Linie verbinden.
4. Entwirf einen Haken für den Kleiderbügel, auf dem das Hemd hängt (3).
5. Zeichne auf jedes T-Shirt ein großes Oval (4).
6. Gestalte die Ovale zu originellen Gesichtern aus: Seemann, Zuckerpuppe, Rapper, Opa, Radfahrer mit Helm, Künstler ...
7. Ziehe alle Umrisse mit feinzeichnendem schwarzem Filzstift nach.
8. Setze nun mit Filzstiften farbige Akzente in die Gesichter.
9. Gestalte auch die restliche T-Shirt-Fläche mit Mustern, Borten, Fransen usw. aus.

Tipps:

- Schneide die T-Shirts aus und klebe sie auf einer größeren Fläche nebeneinander. Das kann z. B. farbiger Tonkarton sein.
- Verbinde sie an den Haken mit einer Linie (Schnur).
- Stellt in der Gruppe besonders große Exemplare her und präsentiert die Ergebnisse gemeinsam auf einer Pinnwand.

Zeichenanleitung und Lösungsvorschlag

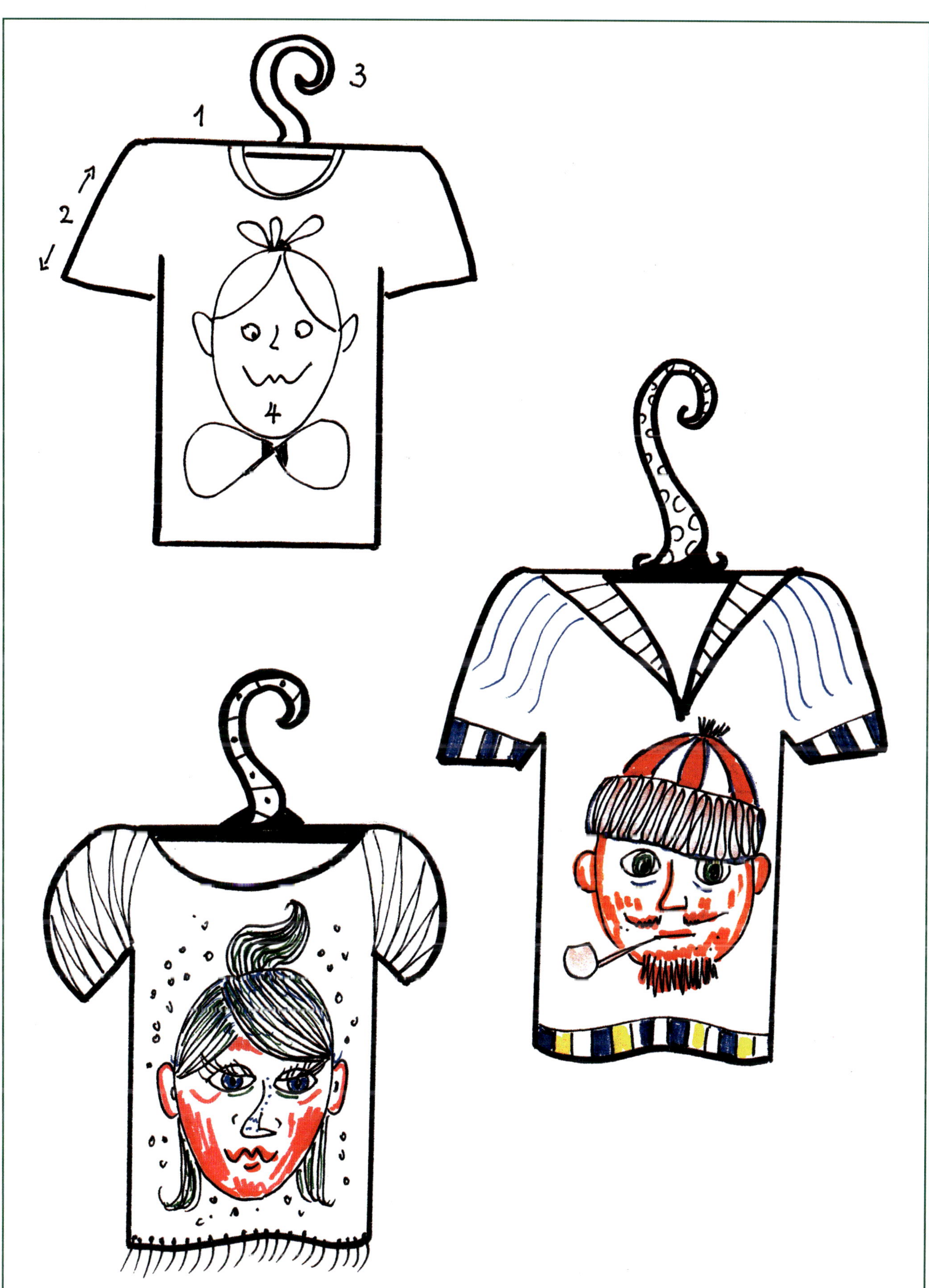

Jahrgangsstufe: 5–7

Schwierigkeitsgrad: ★

Was du brauchst:
weißes Papier (DIN A4 oder DIN A3), Bleistift, Radiergummi, Lineal, schwarze Filzstifte (verschiedene Stärken, auch feinzeichnend), bunte Filzstifte

So geht's:

1. Zeichne einen Superhelden mit Bleistift auf weißes Papier (DIN A4 oder DIN A3).
2. Beginne mit einer trapezähnlichen Form und einem kleinen Dreieck (Oberkörper, Zeichenanleitung Schritt 1).
3. Füge gebogene Beine und sehr kleine Füße mit Stiefeln hinzu. Je nachdem, ob der Superheld fliegt oder steht, sind seine Beine gespreizt oder liegen eng aneinander (2).
4. Die Arme stehen vom Körper ab, die Hände stecken in Handschuhen mit Stulpen (3).
5. Zeichne auf die Schultern ein Rechteck als Kopf. Entwirf eine Haartolle, eine Augenmaske, Nase und Mund. Füge zwei kleine Halbkreise als Ohren an (4).
6. Zeichne zum Schluss hinter den Superhelden einen wehenden Mantel.

Tipps:

- Erfinde ein auffälliges Logo für die Brustfläche.
- Zeichne mit dem Lineal hinter den Superhelden mit schwarzem Filzstift eine Wolkenkratzer-Silhouette.
- Ziehe alle Umrisslinien des Superhelden mit feinzeichnendem schwarzem Filzstift nach.
- Gestalte die Figur mit bunten Filzstiften aus.

Zeichenanleitung und Lösungsvorschlag

Jahrgangsstufe: 5–7

Schwierigkeitsgrad: ★★

Was du brauchst:
weißes Papier (DIN A4), Tonpapier in hellen und dunklen Farben, Schere, Klebestift

So geht's:

1. Nimm weißes Papier (DIN A4) senkrecht.
2. Beginne deine Klebearbeit mit den Bergen im Hintergrund.
   - Suche dir dazu Tonpapier in hellen Farben (z. B. Hellblau, Hellgrün, Rosa, Grau, Gelb) aus.
   - Schneide Streifen mit einer Breite von ca. 10 cm zurecht.
   - Schneide jeweils eine lange Seite des Streifens wellig zu.
   - Klebe die Hügelreihen untereinander auf das weiße Papier. Lass sie an den geraden Kanten überlappen, sodass die Wellen (Berge) zu sehen sind.
3. Wähle für die Berge im Vordergrund dunklere Farben (z. B. Dunkelgrün, Dunkelblau, Rot, Braun, Schwarz).
   - Verfahre so, wie mit den Bergen im Hintergrund.
4. Schneide aus Papierresten Baum- und Buschformen (rund und spitz) und klebe sie an den unteren Bildrand.
5. Schneide dein Bild an den Rändern zu, sodass sie gleichmäßig abschließen.

Lösungsvorschlag

Jahrgangsstufe: 5–7

Schwierigkeitsgrad: ★★

Was du brauchst:
weißes Papier (DIN A4), Bleistift, Radiergummi, Lineal, schwarzer Filzstift, Buntstifte

So geht's:

1. Nimm weißes Papier (DIN A4) senkrecht.
2. Zeichne mit Bleistift und evtl. Lineal mehrere Rechtecke in unterschiedlichen Größen und Ausrichtungen. Die Rechtecke müssen nicht alle formgetreu bleiben. Du kannst auch geschwungene Rechtecke zeichnen.
3. Der obere Teil der Rechtecke wird jeweils durch eine waagerechte Linie als Kopf abgegrenzt.
4. Arme und Beine stehen von dem rechteckigen Körper ab, je nachdem, welche Haltung du deiner Figur geben willst.
5. Lass die Figuren springen, tanzen, liegen, lümmeln, sitzen, mit Geräten trainieren …

Tipps:

- Hände und Füße stellst du nur als ovale Flächen dar.
- Augen, Nase und Mund entstehen aus einfachen Strichen und Punkten.
- Am Oberkopf kräuseln sich einzelne Linien zu einer Frisur.
- Ergänze Ärmelbündchen, Halsausschnitt oder Kragen.
- Ziehe alle Linien mit schwarzem Filzstift nach.
- Verwende Buntstifte und gestalte die Kleidungsstücke mit farbigen Mustern aus.

Lösungsvorschlag

Jahrgangsstufe: 5–7

Schwierigkeitsgrad: ★★

Was du brauchst:
weißes Papier (DIN A4), Bleistift, Radiergummi, schwarzer Filzstift (feinzeichnend), bunte Filzstifte, Wachsmalkreiden, Buntstifte

So geht's:

1. Suche dir aus den folgenden Vorschlägen eine Tierkombination aus oder erfinde selbst eine.

   - Kroko-Storch
   - Papageien-Delfin
   - Katzen-Hahn
   - Nashorn-Hai
   - Giraffen-Hund
   - Hasen-Schaf
   - Schweine-Kuh

2. Zeichne mit Bleistift auf ein DIN-A4-Blatt. Beachte, dass man die Tiere an charakteristischen Merkmalen erkennen soll.

Tipps zur Gestaltung der Tiere:

Zeichne die Tierkombination im Stil von Comics:

- große Glotzaugen
- grinsende Mäuler
- spitze Zähne
- sehr kleine oder sehr große Füße
- Federn und Schuppen
- mit und ohne Hals
- kleine oder große Köpfe
- dicke Bäuche
- aufrecht stehend oder liegend

3. Ziehe alle Entwurfslinien mit schwarzem Filzstift nach.

4. Schmücke das Tier mit bunten Stiften aus (Wachsmalkreiden, Filzstifte, Buntstifte).

Extra-Tipp:

- Erfinde einen passenden Hintergrund für dein Tier.

Lösungsvorschlag

Jahrgangsstufe: 5–7

Schwierigkeitsgrad: ☆ ☆

Was du brauchst:
weißes Papier (DIN A4), Bleistift, Radiergummi, Lineal, schwarze Filzstifte (verschiedene Stärken), farbige Stifte

So geht's:

1. Erstelle zunächst einen Entwurf mit Bleistift auf weißem Papier (DIN A4).

Tipps zur Gestaltung der Tiere:

- Die Kappe eines Klebestifts ergibt eine gute Schablone für Kreise.
- Mit dem Lineal baust du Konstruktionen auf.
- Setze an Verbindungsstellen dicke Schrauben oder Nieten.
- Verbinde bewegliche Teile mit Drähten und Spiralen.
- Denke auch an Zahnräder und Hebel.
- Zeichne Sensoren, Antennen und Anschlusskabel ein.
- Je „technischer" dein Hund aussieht desto besser!

2. Wenn du mit deinem Entwurf zufrieden bist, ziehe alle Entwurfslinien mit schwarzen Filzstiften in verschiedener Stärke nach.
3. Schreibe auf ein Schild am unteren Bildrand einen witzigen Namen für deinen Roboterhund.
4. Wenn noch Zeit bleibt, kannst du deine technische Zeichnung auch mit farbigen Stiften ausgestalten.

Lösungsvorschlag

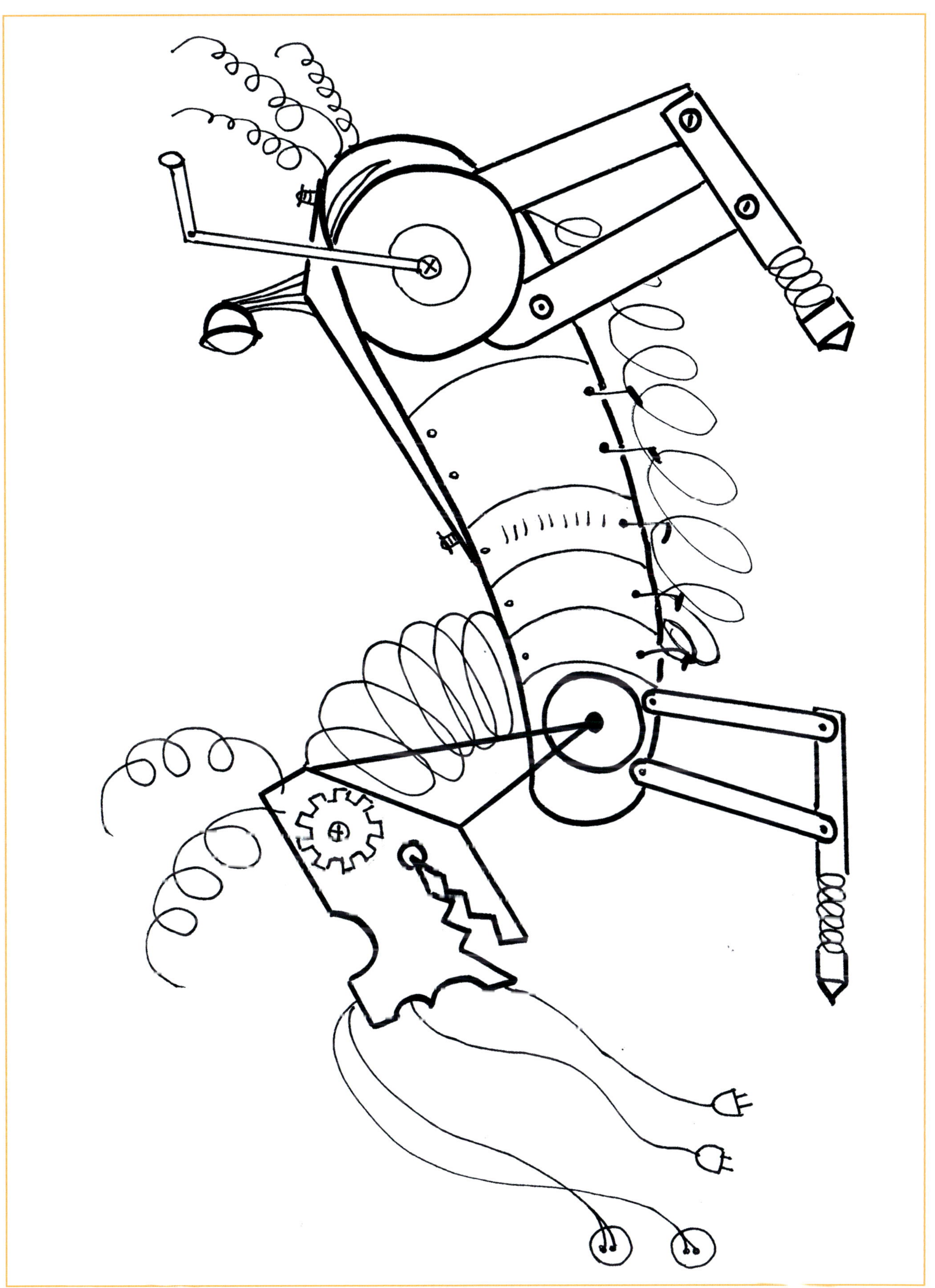

Jahrgangsstufe: 5–7

Schwierigkeitsgrad: ☆ ☆

Was du brauchst:
weißes/farbiges Papier (DIN A5), Joghurtbecher, Bleistift, Radiergummi, schwarze Filzstifte, Farbstifte, Schere

So geht's:

Smileys für alle Gelegenheiten!

1. Fahre für die Umrisse der Gesichter die Ränder eines Joghurtbechers mit Bleistift nach.
2. Zeichne Augen, Nasen und Münder in verschiedenen Stellungen. Verwende dafür einige der Vorschläge (siehe Zeichenanleitung).
3. Ziehe deine Entwürfe mit schwarzem Filzstift nach.

Beispiele:

- Hängende Mundwinkel deuten auf schlechte Laune hin, große Augen auf Überraschung, ein Herz auf Freundschaft.
- Male die Smileys mit Farbstiften aus.
- Schneide sie aus und klebe sie auf Mappen und Merkzettel.

Zeichenanleitung und Lösungsvorschlag

Jahrgangsstufe: 5–7

Schwierigkeitsgrad: ☆ ☆

Was du brauchst:
Zeitungspapier (3–4 Seiten), Schere, Tacker, Klebestift

So geht's:

1. Reiße eine Doppelseite Zeitungspapier vorsichtig in der Mitte auseinander.
2. Falte beide Seiten zu je einem Streifen von ca. 3 bis 4 cm Breite.
3. Knicke beide Streifen in der Mitte zusammen.

Streifen 1 wird zum Pferdekörper mit den Hinterbeinen (Faltanleitung Schritt 1).

4. Knicke die beiden offenen Enden nach unten, sodass zwei Beine entstehen (2).
5. Schneide aus einem weiteren Stück Zeitungspapier einen fransigen Schweif.
6. Stecke ihn zwischen die Hinterbeine und befestige alles mit einem Tacker.

Streifen 2 wird zum Kopf mit den Vorderbeinen (3).

7. Knicke das eine Ende zum Kopf um (4).
8. Befestige es mit dem Tacker.
9. Schneide aus Zeitungspapier eine Mähne zurecht und klebe sie an.
10. Schneide zum Schluss Hinter- und Vorderbeine sowie den Kopf etwas zurecht.
11. Klebe Augen aus Zeitungspapier auf.
12. Biege die Beine ein wenig auseinander, damit dein Pferd stehen kann.

Faltanleitung und Lösungsvorschlag

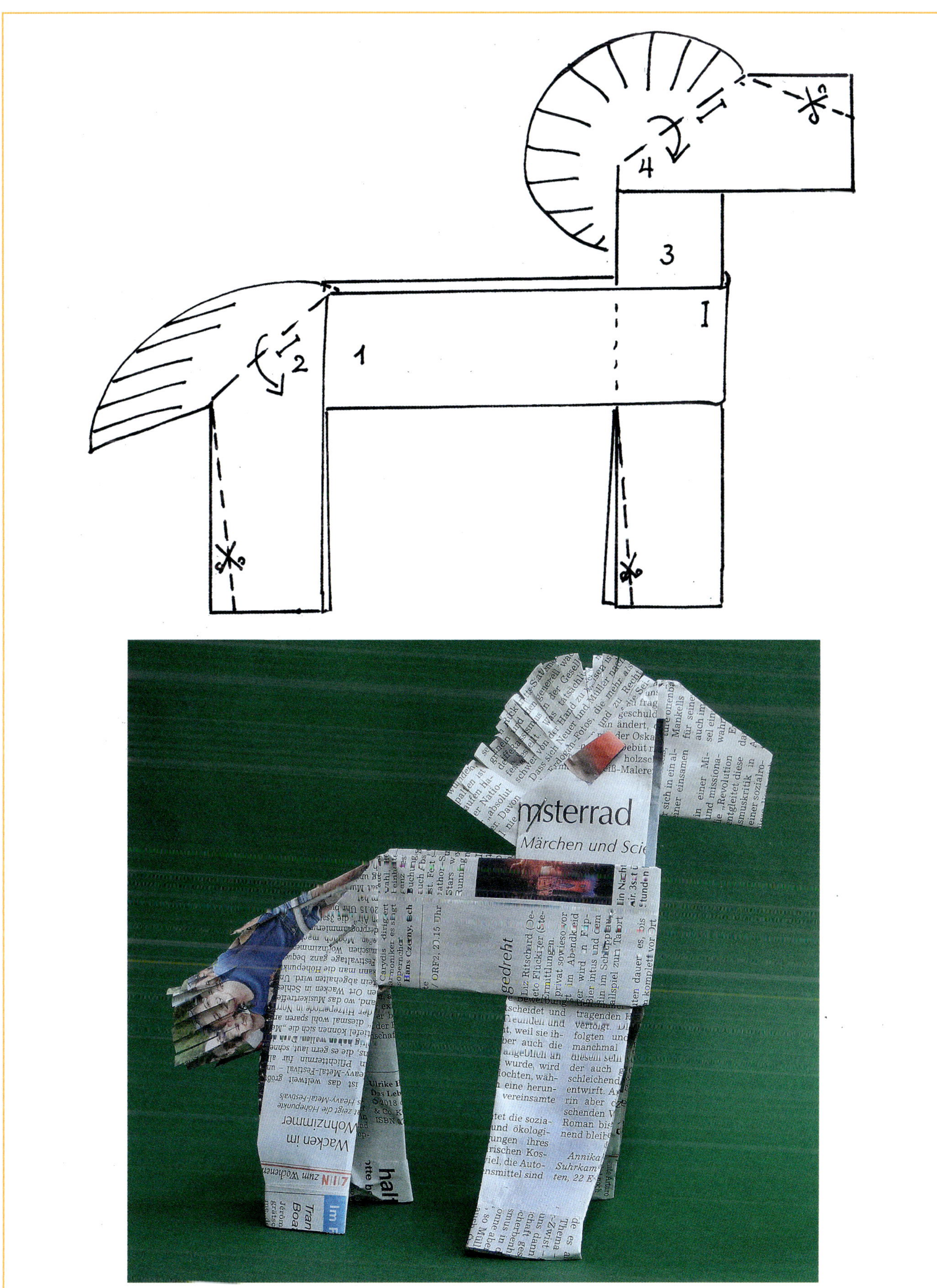

Jahrgangsstufe: 5–7

Schwierigkeitsgrad: ★ ★ ★

Was du brauchst:
weißes Papier (DIN A4), Bleistift, Radiergummi, Wachsmalstifte (nicht wasserlöslich), Malkasten, Wassergefäß, Pinsel Nr. 6, schwarzer Filzstift

So geht's:

1. Zeichne in die obere Hälfte eines weißen DIN-A4-Blattes mit Bleistift drei Kreise für das Auge des Vogels: einen kleinen, außen herum einen größeren und noch einen dritten.
2. Skizziere gleich darunter einen großen, gebogenen Schnabel.
3. Deute mit einer Linie an, wo Kopf und Hals enden sollen.
4. Gestalte mit Wachsmalstiften (nicht wasserlöslich) in beliebiger Farbe um das Auge herum Federn in kleinen Kritzelstrichen.
5. Male den Schnabel in Orange oder Rot aus.
6. Lass am Oberkopf Federn herauswachsen, indem du mit dem Wachsmalstift immer an der vorgezeichneten Kopflinie ansetzt. Wechsle die Farben und setzte kräftige, geschwungene Striche neben- und übereinander.
7. Gestalte nun mit Wachsmalstiften das Federkleid am Hals.

Tipps:
- Beginne mit kleinen Strichen unterhalb des Auges.
- Lass die Striche länger und dichter werden und in einem Federkranz enden.

8. Übermale nun die Zeichnung mit einem Pinsel (z. B. Nr. 6) und Malkastenfarben.

Tipps:
- Beginne mit Gelb und setzte kräftige Striche oder kleine Punkte.
- Verwende zum Übermalen Farben, die den Wachsmalkreiden entsprechen.
- Male ganz vorsichtig um das Auge herum. Das Innere soll weiß bleiben.
- Vergiss auch nicht, den Schnabel zu übermalen.

9. Nimm zum Schluss einen schwarzen Filzstift und ziehe die Umrisse des Auges (Kreise) nach. Du kannst noch kleine Punkte und Zacken hinzufügen.

Lösungsvorschlag

Jahrgangsstufe: 5–7

Schwierigkeitsgrad: ★ ★ ★

Was du brauchst:
weißes Papier (DIN A5), Lineal, Bleistift, Radiergummi, schwarzer Filzstift (verschiedene Stärken), bunte Filzstifte (feinzeichnend)

So geht's:

1. Arbeite mit Bleistift auf weißem Papier (DIN A5).
2. Schreibe die Anfangsbuchstaben eines Namens (Monogramm) nebeneinander, z. B. von deinem Namen, dem eines Freundes, deiner Mutter, deines Vaters, deines Lehrers …

Tipps:

- Verwende Schreibschrift oder eine Fantasieschrift.
- Schreibe in Großbuchstaben.
- Lass die Buchstaben eng aneinander stehen oder sich sogar überschneiden.
- Ziehe Hilfslinien mit dem Lineal, damit die Buchstaben gleich hoch werden.
- Lass die Linien an- und abschwellen oder gib ihnen eine unterschiedliche Breite.
- Fahre alle Linien, die du erhalten willst, mit schwarzem Filzstift nach.
- Entferne alle Bleistiftspuren mit dem Radiergummi.

3. Entwirf mit Bleistift kleine Vögel, die es sich z. B. in und auf den Buchstaben gemütlich gemacht haben: Sie sitzen, brüten, befinden sich im Anflug …
4. Ziehe alle Linien mit feinzeichnendem schwarzem Filzstift nach.
5. Gestalte die Vögel mit dünnen Filzstiften bunt aus.

Lösungsvorschlag

Jahrgangsstufe: 5–7

Schwierigkeitsgrad: ★ ★ ★

Was du brauchst:
weißes Papier (DIN A3), schwarzes und helles Tonpapier (DIN A4), Lineal, Schere, Klebestift, hellbraunes Tonpapier oder ein alter brauner Briefumschlag (DIN A5), Bleistift, Radiergummi, dicker schwarzer Filzstift

So geht's:

Merktafel:

1. Nimm ein weißes DIN-A3-Blatt senkrecht (Hintergrund).
2. Klebe schwarzes Tonpapier (DIN A4) so darauf, dass auf dem weißen Blatt oben 10 cm und auf der rechten Seite 6 cm frei bleiben.
3. Klebe auf das schwarze Tonpapier eine Fläche in einer hellen Farbe (Grau, Gelb, Orange, Hellblau …). Sie sollte ringsum 2 cm kleiner sein als die schwarze Fläche. So erhältst du einen schwarzen Rahmen für deine Notiztafel.

Affe:

1. Zeichne mit Bleistift den Affenkörper auf hellbraunem Tonpapier vor. Du kannst auch einen braunen Briefumschlag verwenden.
2. Gehe Schritt für Schritt vor:
   - Lege mit dem Lineal die Ecke des Rahmens fest, auf dem der Affe liegt (0).
   - Zeichne zuerst den Körper (Zeichenanleitung Schritt 1) und das Maul (2).
   - Ergänze den Kopf (3) und die Ohren (4).
   - Ein Arm liegt auf der Kante (5).
   - Der andere Arm und ein Bein hängen gerade herunter (6).
   - Füge einen Schwanz an (7).
   - Zeichne Augen und Nase ein.
3. Fahre alle Linien mit dickem schwarzem Filzstift nach.
4. Schneide das Motiv aus.
5. Klebe es auf die obere rechte Rahmenkante.

Zeichenanleitung und Lösungsvorschlag

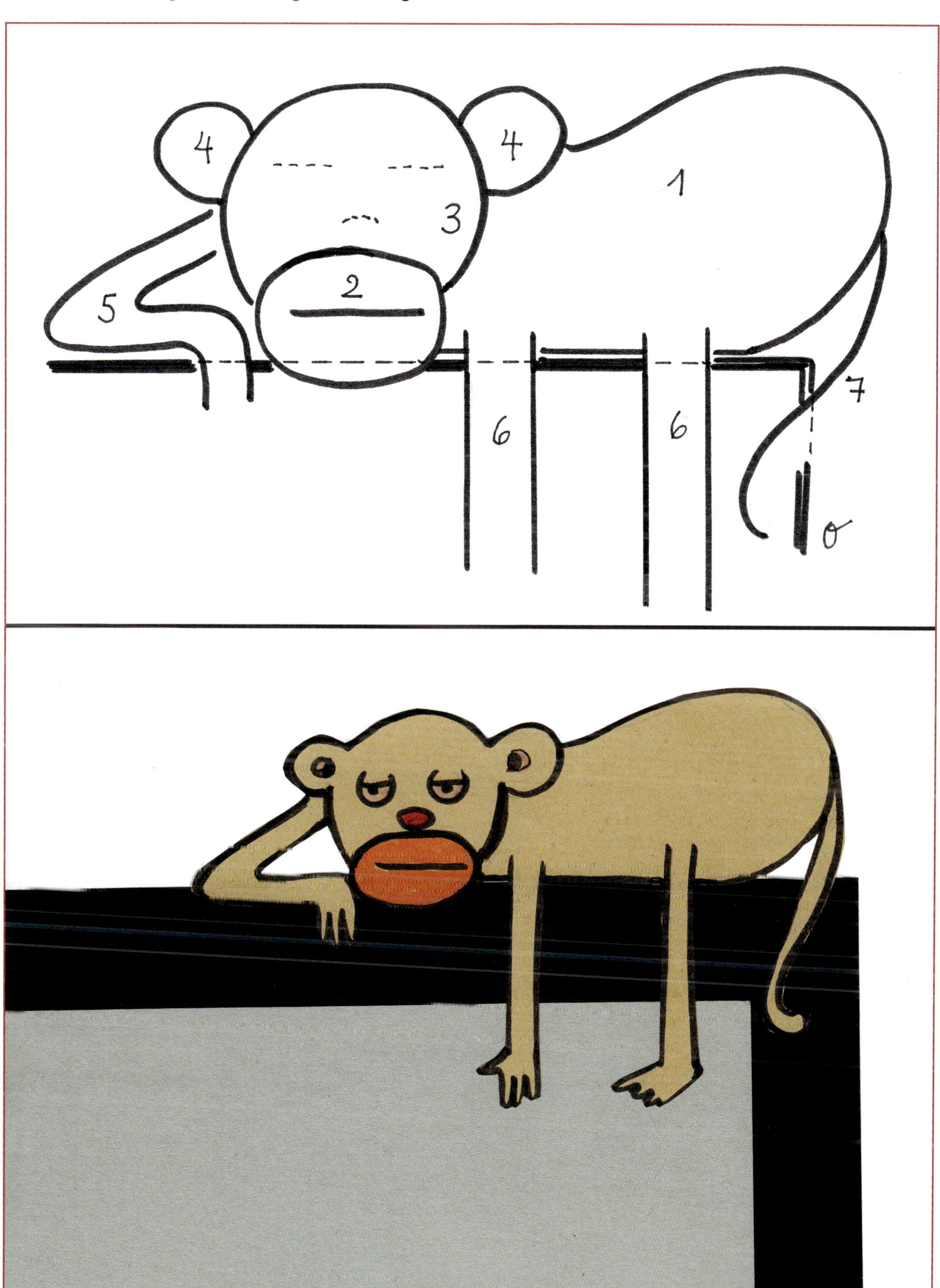

Jahrgangsstufe: 5–7

Schwierigkeitsgrad: ★★★

Was du brauchst:
weißes Papier (DIN A4 oder DIN A3), Bleistift, Radiergummi, schwarzer Filzstift, Buntstifte

So geht's:

1. Nimm weißes Zeichenpapier (DIN A4 oder DIN A3) senkrecht.
2. Zeichne mit Bleistift vier bis fünf große Früchte auf die Fläche (Banane, Apfel, Birne, Pflaume, Melone, Erdbeere, Mandarine …).

Tipps:
- Achte darauf, dass sie, wie richtige Bandmitglieder, etwas schräg in der Fläche sitzen.
- Zeichne nur die Umrisse und keine Schatten.
- Füge Augen, Nasen und Münder hinzu.

3. Überlege, wer welches Instrument spielen soll:
   Gitarre, Trompete, Keyboard, Saxophon, Schlagzeug …
4. Denke auch an einen oder mehrere Lead-Sänger („Frontman“).
5. Skizziere dünne, strichartige Beine. Achte darauf, dass sie in Bewegung dargestellt werden (hüpfen, tanzen …).
6. Zeichne die Instrumente an die geeigneten Stellen.
7. Lass dünne Arme aus den Figuren herauswachsen, die die Instrumente halten.
8. Ziehe alle Linien mit schwarzem Filzstift nach.
9. Koloriere zum Schluss nur die Obstfiguren mit Buntstiften in kräftigen Farben.

Lösungsvorschlag

Jahrgangsstufe: 5–7

Schwierigkeitsgrad: ★ ★ ★

Was du brauchst:
weißes Papier (DIN A4 oder DIN A3), hellblaues Papier (DIN A4 oder DIN A3) für den Hintergrund, weißes Papier (DIN A4) für die Vögel, Klebestift, Bleistift, Radiergummi, schwarzer Filzstift, Mal- oder Filzstifte, Schere

So geht's:

Meereswellen (Hintergrund):

1. Nimm ein weißes Blatt Papier (DIN A4 oder DIN A3) senkrecht.
2. Nimm ein Blatt hellblaues Papier (DIN A4 oder DIN A3) ebenfalls senkrecht. Reiße jetzt waagerechte Streifen von dem blauen Papier ab.
3. Klebe jeden Streifen gleich auf den weißen Hintergrund, bis das ganze Blatt gefüllt ist.

Tipps:

- Lass zwischen den Streifen (Wellen) kleine Abstände. Es entstehen Schaumkronen.
- Verschiebe ab und zu die Streifen gegeneinander.

Papageientaucher:

1. Entwirf mit Bleistift auf weißem Papier in drei Schritten (siehe Anleitung) mehrere Vögel (kleinere und große).
2. Fahre alle Linien mit dickem schwarzen Filzstift nach.
3. Gestalte die Vögel farbig mit Bunt- oder Filzstiften aus (schwarz und orange).
4. Schneide die Vögel aus.
5. Klebe sie verteilt auf den Wellenhintergrund. Kleinere kommen nach hinten, größere in den Vordergrund.

Anleitung und Lösungsvorschlag

Jahrgangsstufe: 5–7

Schwierigkeitsgrad: ★ ★ ★

Was du brauchst:
weißes Papier (DIN A3), Bleistift, Radiergummi, Malkasten, Wassergefäß, Küchenpapier, Filzstifte (verschiedene Farben)

So geht's:

1. Zeichne mit Bleistift auf ein weißes Blatt (DIN A3) ein großes Oval für das Gesicht.
2. Deute unten an, wo sich der Bart befinden soll.
3. Deute oben an, wo das Kopftuch sitzen soll.
4. Zeichne in die mittlere Fläche des Gesichts schmale Augen, eine breite Nase und einen großen Mund.
5. Ergänze seitlich Ohren.
6. Lege den Malkasten, ein Wassergefäß und Küchenpapier bereit.
7. Tauche den Zeigefinger (und eventuell den Mittelfinger) in Wasser und löse damit nach und nach Farbe aus folgenden Näpfchen: Ocker, Orange, Braun, Schwarz.

Tipps:

- Beginne mit den hellen Farben und male mit den Fingern Bartsträhnen, die vom Kinn nach unten verlaufen.
- Nimm immer wieder Farbe auf und setze Farbspuren neben- und übereinander, bis die ganze reservierte Fläche gefüllt ist.
- Säubere die Finger mit Küchenpapier, wenn du eine neue Farbe einsetzt.
- Wähle für das Kopftuch andere Farben, z. B. Blau, Grün, Rot.
- Male auch hier immer in eine Richtung, bis die Fläche gefüllt ist.

8. Zeichne nun mit Filzstift die Gesichtszüge nach. Lass die Hautpartien aber in Weiß stehen.
9. Setze Filzstifte auch für die Außenkonturen von Bart und Kopftuch ein.
10. Male zum Schluss mit farbig passenden Filzstiften einige Akzente (Stofffalten, Haare) in die gemalten Flächen.

Lösungsvorschlag

Jahrgangsstufe: 8–10

Schwierigkeitsgrad: ★

Was du brauchst:
weißes Papier (DIN A4), schwarzes/dunkelblaues Tonpapier (DIN A5), Bleistift, Radiergummi, weißer Malstift, Schere, Klebestift, schwarze Filzstifte, Lineal

So geht's:

Zeichne mit Bleistift auf schwarzem oder dunkelblauem Tonpapier (DIN A5) die Umrisse einer Hand. Sie hält zwischen Daumen und Zeigefinger eine Schnur. Die anderen Finger werden abgespreizt.

Hand:

1. Arbeite zunächst mit Bleistift. Beginne mit einer kreisähnlichen Linie (Zeichenanleitung Schritt 1).
2. Zeichne die Umrisse des Daumens fertig (2).
3. Zeichne den Zeigefinger als Kreisbogen sowie ein Stück des Handrückens (3).
4. Füge den kleinen Finger (4), den Ringfinger (5) und den Mittelfinger (6) hinzu.
5. Schneide die Hand entlang der Umrisslinien aus.
6. Drehe sie um (keine Bleistiftspuren mehr!) und klebe sie in die obere Hälfte eines weißen Blattes (DIN A4).
7. Wenn du möchtest, kannst du Fingernägel mit weißem Malstift einzeichnen.

Gegenstand:

1. Entwirf in der unteren Blatthälfte einen beliebigen Gegenstand, der von Daumen und Zeigefinger an Fäden gehalten wird.
2. Beispiele: Brief, Gutschein, Schlüsselanhänger (mit Schlüssel), Maskottchen, Marionette, Weihnachtsstern …
3. Ziehe alle Linien mit einem schwarzen Filzstift nach.
4. Ziehe mit dem Lineal eine Verbindungslinie zwischen Fingern und Objekt (Schnur). Achte darauf, dass sie parallel zum Blattrand verläuft.

Zeichenanleitung und Lösungsvorschlag

Jahrgangsstufe: 8–10

Schwierigkeitsgrad: ★

Was du brauchst:
weißes Papier (DIN A4), Bleistift, Radiergummi, Wachsmalstifte, Marker, dicker schwarzer Filzstift

So geht's:

Zeichne mit Bleistift auf weißem Papier (DIN A4, senkrecht) vor.

1. Beginne mit dem Maul des Drachen.
   Zeichne die äußeren Ränder (Zeichenhilfe 1/2/3) und füge Zähne hinzu.
2. Entwirf die Nüstern (4) und das Auge.
3. Skizziere einen dichten Zackenkranz am Ober- und Hinterkopf.
4. Ergänze einen schlangenartigen Körper.
5. Male die einzelnen Flächen mit Wachsmalstiften aus.

Tipps:
- Ziehe zuerst die Umrisse nach, bevor du die Innenfläche ausmalst.
- Lege eine zweite Farbschicht darüber, z. B. Gelb auf Rot.
- Lass weiße Partien stehen.
- Setze auch Marker in allen Farben ein.
- Fahre alle Konturen mit dickem schwarzem Filzstift nach.

Zeichenhilfe und Lösungsvorschlag

Jahrgangsstufe: 8–10

Schwierigkeitsgrad: ★

Was du brauchst:
weißes Papier (DIN A4), Bleistift zum Vorzeichnen, weicher Bleistift (z. B. B2), Radiergummi, Lineal oder Geodreieck, schwarze Filzstifte (verschiedene Stärken)

So geht's:

1. Nimm weißes Papier (DIN A4) quer.
2. Zeichne mit Lineal und Bleistift ein großes Rechteck in die Mitte. Achte darauf, dass sich die Längskante (z. B. 24 cm) durch 4 teilen lässt!
3. Teile die Rechteckfläche durch drei senkrechte Linien in vier gleich große Teilflächen.
4. Zeichne in jede Teilfläche eine große Ziffer – alle Ziffern zusammen ergeben eine Zahl. Wähle z. B. die Jahreszahl eines Jubiläums oder des aktuellen Jahres.

Tipps:

- Achte darauf, dass die Zahlen die Ränder des Rechtecks berühren.
- Zeichne senkrechte und waagrechte Linien mit dem Lineal.

5. Strukturiere die restliche Hintergrundfläche, indem du Muster wie z. B. kleine Dreiecke, Halbkreise, oder Rechtecke einfügst.
   Achte darauf, dass die Zahlen selbst noch deutlich zu lesen sind.
6. Ziehe nun alle Zahlenlinien und die Ränder der Trennflächen deutlich und dick mit schwarzem Filzstift nach.
7. Betone die kleineren Teilflächen mit dünnem, feinzeichnendem Filzstift.
8. Arbeite diese kleinen Teilflächen nun mit einem sehr weichen Bleistift (z. B. B2) aus und zwar als gleichmäßig graue Flächen, mit Schraffuren, Kästchen und Streifen.

Lösungsvorschlag

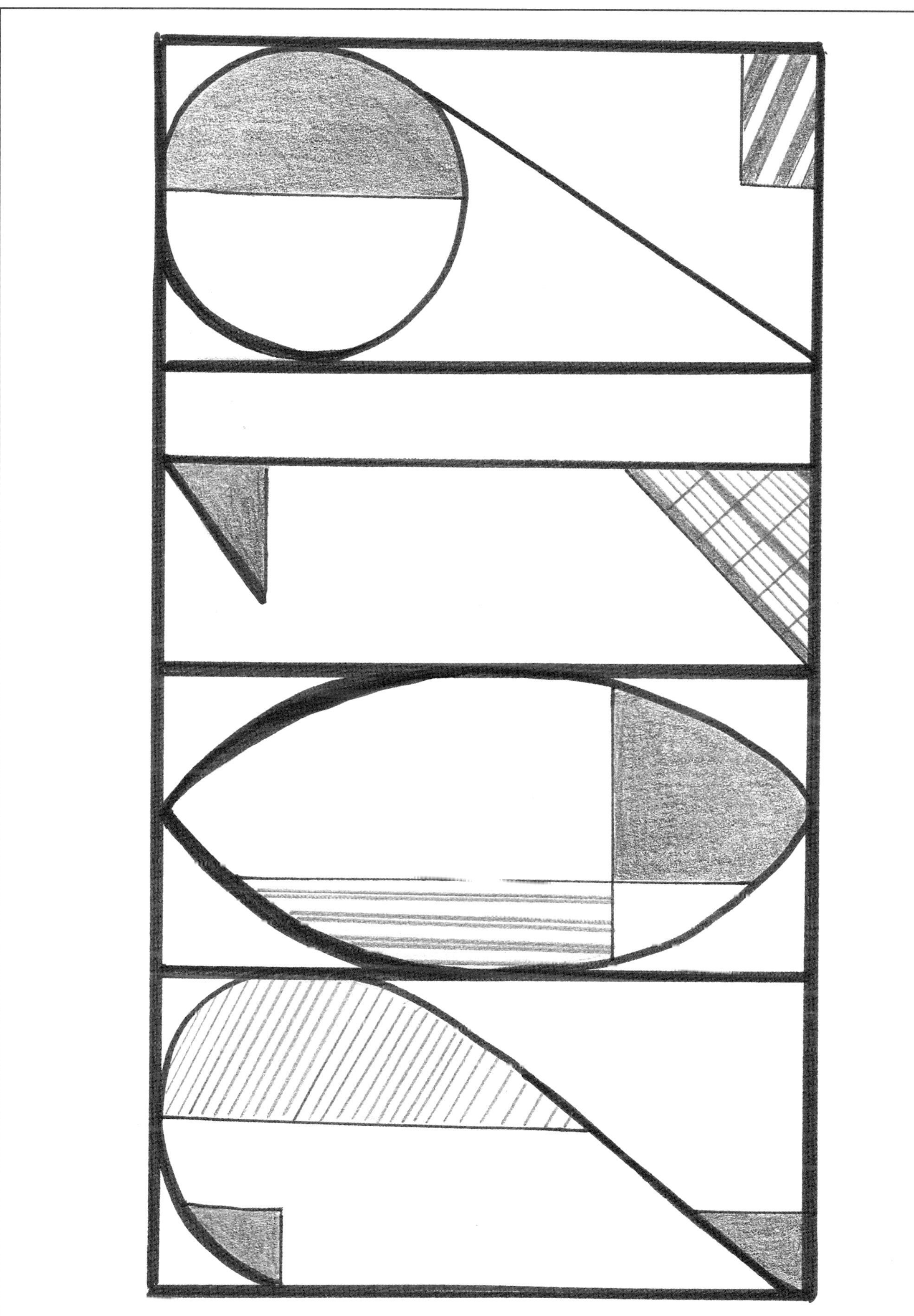

Jahrgangsstufe: 8–10

Schwierigkeitsgrad: ★

Was du brauchst:
weißes Papier (DIN A4), Bleistift, Radiergummi, schwarzer Filzstift, Malkasten, Wassergefäß, Küchenpapier (zum Reinigen der Finger), bunte Filzstifte

So geht's:

Gesicht:

Zeichne mit Bleistift auf weißes Papier (DIN A4) die Umrisse eines Gesichts im Halbprofil.

1. Entwirf zuerst die äußere Form (Zeichenanleitung Schritt 1).
2. Zeichne dann die Augen (2).
3. Zeichne Augenbraue und Nase aus einer Linie (3).
4. Skizziere zuletzt den Mund (4) und den Halsansatz (5).
5. Beachte, dass Männer eckigere Gesichtsformen, schmalere Augen und dünnere Lippen haben.
6. Ziehe alle Konturen mit schwarzem Filzstift nach.

Haare:

1. Wähle aus dem Malkasten eine beliebige Farbe für die Haare aus (Rot, Grün, Blau, Schwarz …).
2. Benetze alle Näpfchen in deinem Malkasten, die mit der Farbe „verwandt“ sind.

Beispiele:
- Rot – Orange, Pink, Gelb, Braun, Violett
- Blau – Hellblau, Dunkelblau, Blaugrün, Violett
- Gelb – Orange, Ocker, Rosa

3. Tauche einen Finger in die nasse Farbe und male zunächst Lockenstrukturen um das Gesicht.
4. Tupfe dann in einer anderen Farbe Punkte in die Zwischenräume.
5. Lass das Weiß des Papiers noch an einigen Stellen stehen.
6. Forme den Umriss einer Frisur.
7. Tauche den Finger in das farbige Malwasser und setze entlang der Filzstiftlinien Schattenzonen.
8. Gestalte Mund und Augen mit Filzstiften aus.

Zeichenanleitung und Lösungsvorschlag

Jahrgangsstufe: 8–10

Schwierigkeitsgrad: ★

Was du brauchst:
2 Blatt weißes Papier (DIN A4), Tonpapier und gemustertes Papier in verschiedenen Farben (Reste), Bleistift, Radiergummi, Schere, Klebestift

So geht's:

1. Lege dir zwei Blatt weißes Papier (DIN A4) zurecht.
2. Suche für „sie" und „ihn" Tonpapier in entsprechenden Farben aus.
3. Orientiere dich für die Entwürfe an den Lösungsvorschlägen.
4. Zeichne mit Bleistift vor und schneide folgende Teile der Gesichter aus:
   - Haarteil (mit aufgesetzten, andersfarbigen Strähnen)
   - Brille (mit und ohne Gläser)
   - Mund
   - Bart (mit Mundausschnitt)
   - Kragen
   - Krawatte
   - Halskette

Tipps:

- Fertige einige Teile, z. B. Brille, im Symmetrieschnitt an, indem du das Tonpapier faltest und die Form doppelt ausschneidest.
- Wähle unterschiedliche Hauptfarben für „sie" und „ihn". Fertige aber auch einige Teile aus dem Papier an, das du für die jeweils andere Lösung verwendet hast, um eine Verbindung zwischen den Typen anzudeuten.
- Arbeitet in Zweiergruppen mit verteilten Aufgaben.

5. Arrangiere die Teile zuerst auf dem weißen Hintergrund und klebe sie anschließend auf.

Lösungsvorschläge

Jahrgangsstufe: 8–10

Schwierigkeitsgrad: ★

Was du brauchst:
weißes Papier (DIN A4 oder DIN A5), Pappreste oder Fotokarton (DIN A5), Bleistift, Radiergummi, Schere, Filzstifte (verschiedene Farben)

So geht's:

1. Schneide aus einem zusammengeklappten Papprest oder Fotokarton die Hälfte einer Vase aus.
2. Klappe die Schablone auf und lege sie auf weißes Papier (DIN A4 oder DIN A5).
3. Zeichne mit Bleistift die Umrisse nach.
4. Teile die Vasenfläche so auf, dass sich aus geometrischen Formen ein Gesicht ergibt.

Tipp:
- Nimm dir Eingeborenenkunst aus Peru oder Mexiko zum Vorbild.

Mögliche Gestaltungsvarianten der einzelnen Gesichtsteile:

- Augen: rund, oval, eckig
- Brauen: rechteckig, rund
- Nase: rechteckig, dreieckig, trapezförmig
- Mund: Halbkreis, Oval, Rechteck
- Haare: Linien, die der Vasenform folgen

5. Ziehe alle Linien mit schwarzem Filzstift nach.
6. Male die einzelnen Felder farbig mit Filzstiften aus.
7. Lass auch einige Flächen unbearbeitet (weiß) stehen.

Zeichenhilfe und Lösungsvorschlag

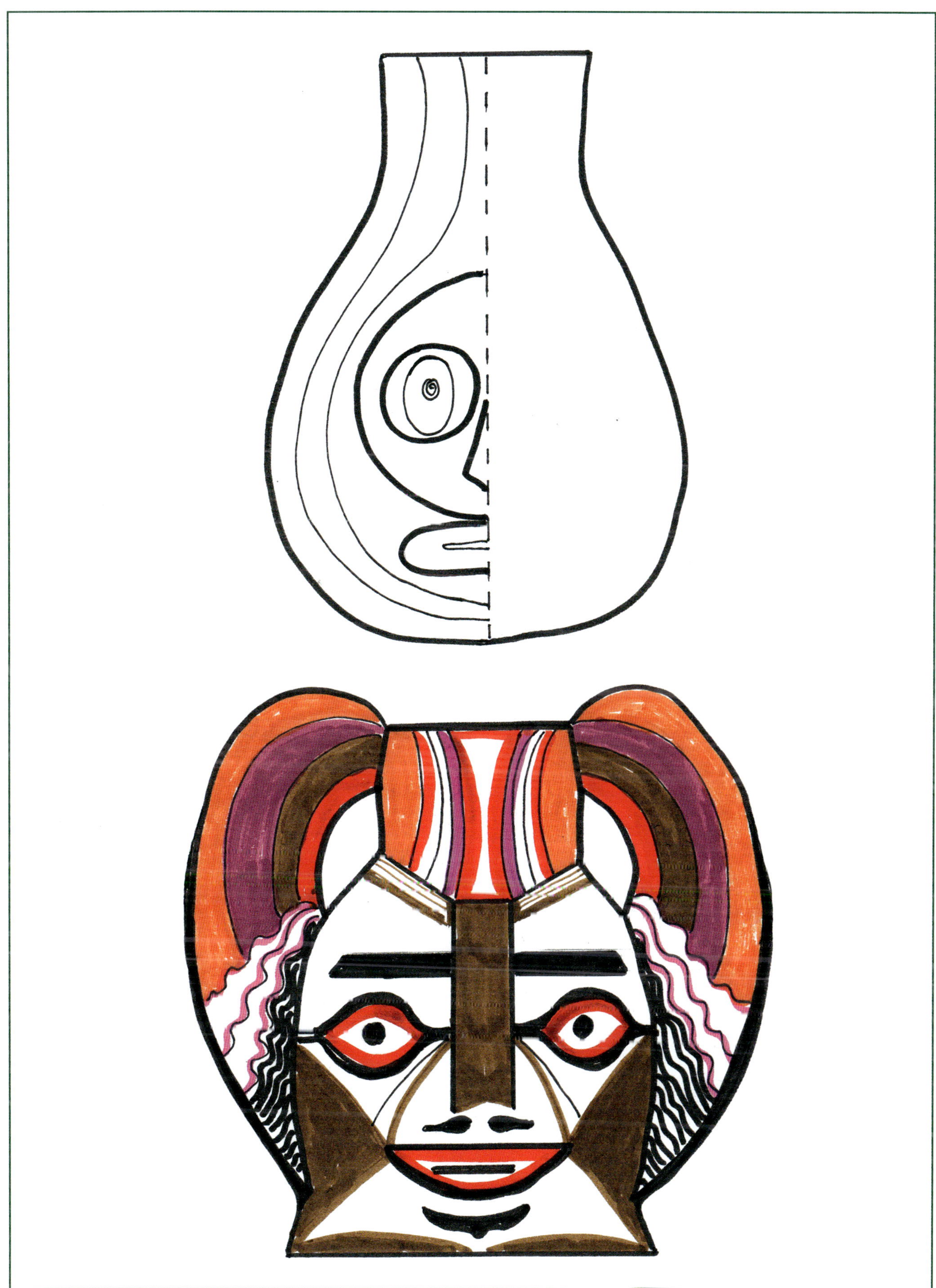

Jahrgangsstufe: 8–10

Schwierigkeitsgrad: ★

Was du brauchst:
weißes Papier (DIN A4), schwarzes Tonpapier (DIN A4), Schere, schwarzer Filzstift, Klebestift

So geht's:

1. Schneide ohne Vorzeichnung mit der Schere aus weißem Papier (DIN A4) fünf bis sechs Kreise oder Ovale. Sie sollen unterschiedlich groß sein.
2. Zeichne mit schwarzem Filzstift in die Kreise das Blüteninnere.

Tipps:

- Platziere den Blütenmittelpunkt in die Mitte oder seitlich.
- Zeichne ihn als enge Spirale, als schwarzen Punkt oder als eine Ansammlung von Punkten.

3. Zeichne vom Mittelpunkt aus Blütenblätter in unterschiedlichen Formen und Breiten.
4. Lege dahinter eine zweite Blütenblätterreihe an.
5. Fülle die kleinen Zwischenräume bis zur Kreislinie mit dichten, schwarzen Strukturen aus.
6. Lege die Blüten auf einen Hintergrund aus schwarzem Tonpapier (DIN A4).
7. Schneide aus dem restlichen weißen Papier dünne Stiele und Blätter.
8. Füge Blüten, Stiele und Blätter zusammen und experimentiere mit ihrer Lage.
9. Klebe die hinten liegenden Blüten und ihren jeweiligen Stiel zuerst fest.
10. Die weiter im Vordergrund liegenden Blüten und Stiele verdecken zum Teil die hinteren.
11. Fülle die Zwischenräume mit spitzen Gräser- und Blattformen.
12. Zeichne bei den Blättern Rippen und Adern ein.
13. Schneide zum Schluss ein geschwungenes Papierteil zurecht, das die Ansatzstellen verdeckt.
14. Klebe es an den unteren Blattrand.

Lösungsvorschlag

Jahrgangsstufe: 8–10

Schwierigkeitsgrad: ★

Was du brauchst:
weißes Papier (DIN A5), Bleistift, Radiergummi, schwarzer Filzstift, Buntstifte, Schere

So geht's:

Bei normalen Gesichtern (Tieren, Menschen) liegen die Augen etwa in der Mitte des Gesichts. Der Haaransatz beginnt im oberen Gesichtsdrittel, der Mund liegt im unteren Gesichtsdrittel, die Ohren sitzen seitlich zwischen Augen und Nasenspitze.

Übung zum Zeichnen nach dem **Kindchenschema:**

1. Zeichne den Gesichtsumriss als Kreis oder liegendes Oval.
2. Augen, Nase und Mund liegen eng beisammen in der unteren Gesichtshälfte.
   Zeichne die Augen als große Kulleraugen („Bambiblick").
3. Zeichne die Nase als Stupsnase (ein kleines Häkchen), den Mund als kurzen Strich.
4. Zeichne den Körper, am besten ohne Hals, sehr klein und kompakt.
5. Zeichne die Arme und Beine sehr dünn, die Füße können übergroß sein.

Maskottchen:

Erfinde eine kleine Figur (Tier/Mensch), die folgende Merkmale aufweist:

- großer Kopf
- Gesichtszüge nach dem Kindchenschema
- kleiner Körper (Rechteck oder aufeinanderliegende Ovale)
- kurze Arme und Beine

1. Zeichne zuerst mit Bleistift.
2. Orientiere dich an den Zeichenanleitungen.
3. Ziehe alle Linien mit schwarzem Filzstift nach.
4. Gestalte das Maskottchen in bunten Farben aus.

Tipp:

- Vervielfältige es, schneide es aus und klebe es auf Hefte, Karten usw.

Lösungsvorschläge

Jahrgangsstufe: 8–10

Schwierigkeitsgrad: ☆☆

Was du brauchst:
weißes Papier (DIN A4), schwarzes Tonpapier (DIN A4), Bleistift, Radiergummi, Filzstifte (schwarz und bunt), Lineal, Schere, Klebestift

So geht's:

Vorüberlegung:

Bei einem Blind Date trifft man Leute, die man zuvor noch nie gesehen hat. Stelle diese Zufallsbekanntschaften als Typen dar, die ganz unterschiedlich aussehen: schlank, dick, dünn, kindlich … Suche zwei gegensätzliche Personen aus, stelle sie nebeneinander und charakterisiere sie anhand von Haarstyle, Gesichtsform und Schulterpartie.

Collagearbeit:

1. Nimm weißes Papier (DIN A4) quer.
2. Schneide an den Längsseiten von schwarzem Tonpapier (DIN A4) vier Streifen (ca. 2 cm hoch) ab und lege sie beiseite.
3. Schneide aus schwarzem Tonpapier (mit oder ohne Vorzeichnung) zwei unterschiedliche Frisuren aus. Man sieht die obere Kopfform, den Haaransatz, einen Scheitel, Haarspitzen usw.
4. Klebe die Haarteile in die obere Hälfte des Blattes.
5. Schneide wiederum aus schwarzem Tonpapier zwei Hals-/Schulterpartien: schlanker, langer/kurzer, dicker Hals, breite bullige/abfallende Schultern, Rollkragen, ausladender Kragen …
6. Klebe diese Teile an die untere Bildkante, sodass für das Gesicht noch ein Zwischenraum bleibt.
7. Klebe in Höhe der Augenpartie zwei schwarze Streifen (Balken) aus Tonpapier, die die Augen verdecken (Blind Date!). Lass einen schmalen Zwischenraum (2 mm).
8. Klebe an den unteren und oberen Bildrand die zwei verbliebenen schwarzen Papierstreifen.

Filzstiftarbeit:

1. Zeichne zuerst mit Bleistift, dann mit schwarzem Filzstift je eine Nasenspitze, Mundpartie und Wangen (Typ beachten!).
2. Male nur die Lippen mit Filzstift in unterschiedlichen Farben aus.
3. Strukturiere den Hintergrund mit Lineal und schwarzem Filzstift durch einige waagerechte, parallele Linien.

Lösungsvorschlag

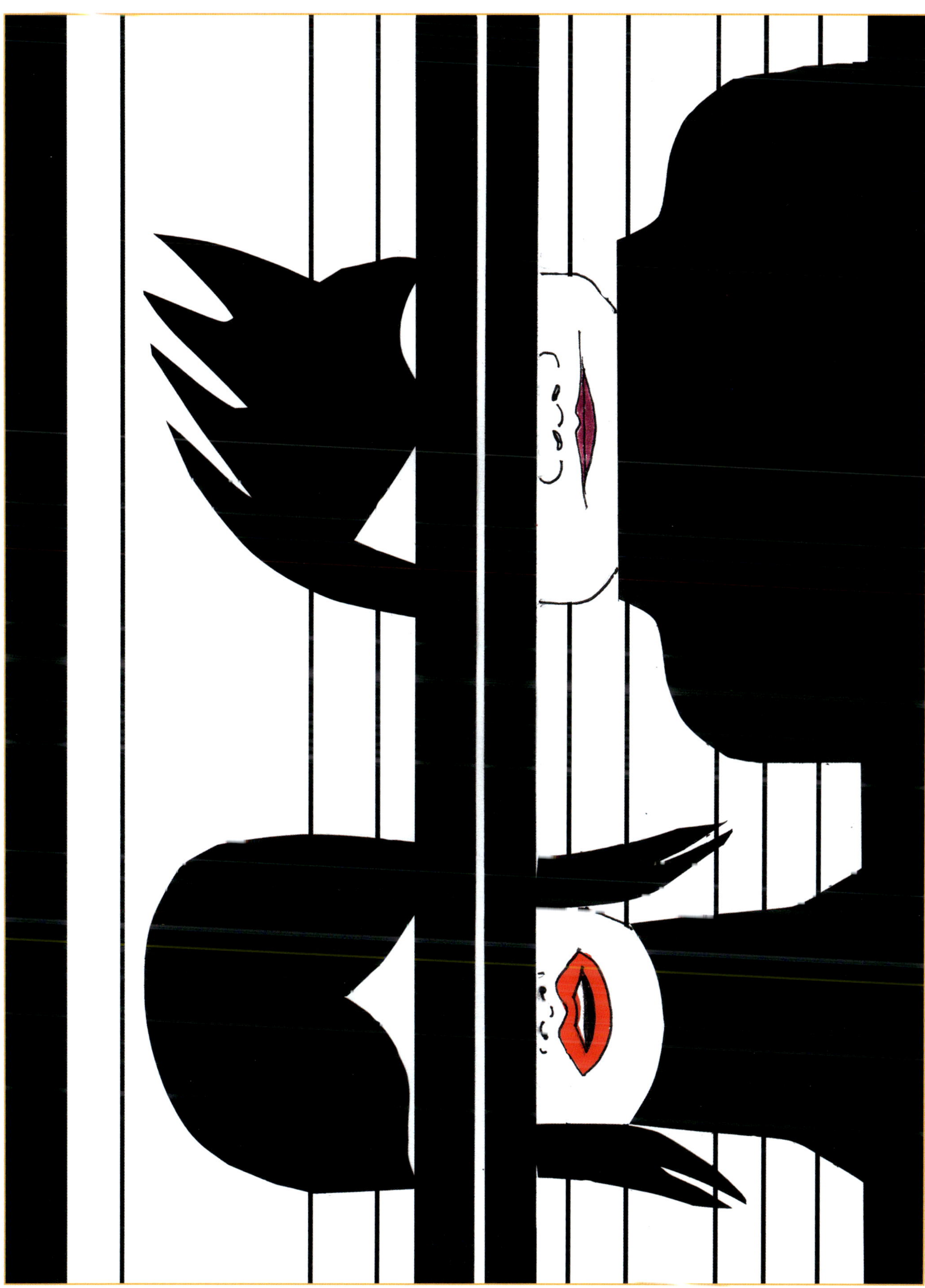

Jahrgangsstufe: 8–10

Schwierigkeitsgrad: ☆ ☆

Was du brauchst:
weißes Papier (DIN A4), Malkasten, Wassergefäß, Küchenpapier, Tonpapier in drei Farben (Reste), Schere, Klebestift, farbige Kreiden/Wachsmalstifte

So geht's:

Hintergrund:

1. Forme aus Küchenpapier einen Stempel, der gut in der Hand liegt.
2. Benetze schwarze Malkastenfarbe mit viel Wasser und tauche den Stempel ein.
3. Bedecke ein weißes DIN-A4-Blatt mit dicht aneinandergesetzten Abdrücken.
4. Nimm immer wieder neue Farbe auf.
5. Drehe das Blatt.
6. Setze zum Schluss Akzente mit grüner Malkastenfarbe auf die Fläche.

Pflanzen:

1. Wähle Tonpapier in drei verschiedenen Farben aus (z. B. Rot, Orange, Ocker).
2. Schneide ohne Vorzeichnung Blüten, Wedel, Rispen, Stängel usw. aus.
3. Arrangiere sie auf dem Hintergrund.
4. Achte darauf, dass einige Motive vom Rand abgeschnitten werden oder seitlich ins Bild ragen.
5. Klebe die Pflanzenmotive auf.
6. Setze zum Schluss mit farbigen Kreiden oder Wachsmalstiften Akzente auf die Pflanzen: Rippen, Adern, Farbverläufe, Punkte usw.

Lösungsvorschlag

Jahrgangsstufe: 8–10

Schwierigkeitsgrad: ☆ ☆

Was du brauchst:
weißes Papier (DIN A4), schwarzes Tonpapier (DIN A4), Bleistift, Schere, Klebestift, schwarze Filzstifte (verschiedene Stärken)

So geht's:

1. Nimm schwarzes Tonpapier (DIN A4) und falte es in der Mitte.
2. Zeichne mit Bleistift eine ovale Gesichtsform auf und schneide sie aus. Achtung: Das Blatt muss gefaltet bleiben. Du erhältst zwei symmetrische Flächen.
3. Zerschneide nun beide Flächen nacheinander durch Quer- und Längsschnitte.
4. Lege die Teile auf weißes Papier (DIN A4).
5. Experimentiere mit ihrer Lage:
    - Verschiebe sie nach oben oder unten.
    - Lass schmale oder breite Zwischenräume stehen.
    - Neige sie gegeneinander.
6. Klebe die zwei Gesichter nebeneinander auf das weiße Blatt.
7. Bearbeite nun mit schwarzem feinzeichnendem Filzstift die Zwischenräume: Zeichne Augen, Brauen, Falten, Nasenflügel, Lippen, Zähne oder einfach Muster hinein.
8. Ergänze Haare, Hörner oder Ohren.
9. Betone einige Linien mit dickerem schwarzem Filzstift.

Lösungsvorschlag

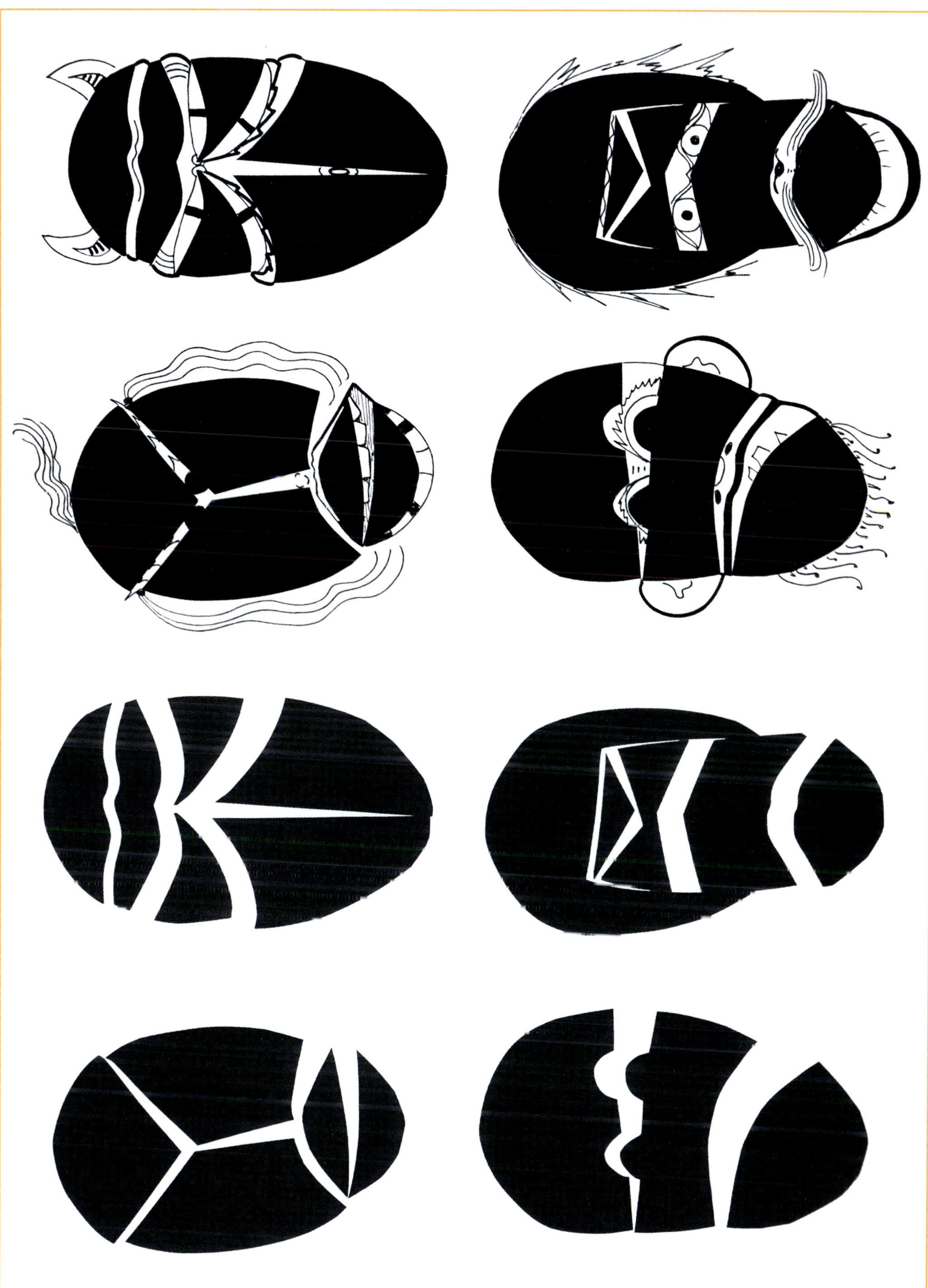

Jahrgangsstufe: 8–10

Schwierigkeitsgrad: ☆ ☆

Was du brauchst:
weißes Papier (DIN A4), Tonpapierreste, Filzstifte, Lineal, Schere, Klebestift, Bleistift, Radiergummi

So geht's:

1. Suche möglichst viele Tonpapierreste zusammen.
2. Schneide daraus, jeweils in einer anderen Farbe, die Silhouetten von Konzertbesuchern.

Tipps:
- Man sieht sie weitgehend von hinten.
- Sie unterscheiden sich nur durch Frisur, Kopfbedeckung und Schulterpartie.
- Schneide die Personen am besten ohne Vorzeichnung mit der Schere aus.
- Zeichne mit Filzstiften Haarsträhnen, Gesichtszüge, Kappen usw.

3. Nimm ein weißes Blatt (DIN A4) senkrecht und ziehe mit Filzstift und Lineal etwa in der Hälfte eine waagerechte Linie (Bühnenrampe).
4. Arrangiere nun in der unteren Hälfte die Zuschauer über- und nebeneinander.
5. Achte darauf, dass keine weißen Zwischenräume entstehen.
6. Schneide für die obere Hälfte des Blattes ein Paar Schuhe aus Tonpapier für den Popstar zurecht.
7. Klebe sie auf die Bühnenfläche und ergänze die Beine. Der Rest des Körpers wird vom oberen Blattrand abgeschnitten.
8. Mikrofonkabel ringeln sich auf dem Bühnenboden.
9. Strukturiere mit Lineal und Filzstiften den Hintergrund: Bretter für die Bühne, ein Schild mit dem Namen der Band in der Mitte, waagerechte Linien hinter den Köpfen der Zuschauer.

Lösungsvorschlag

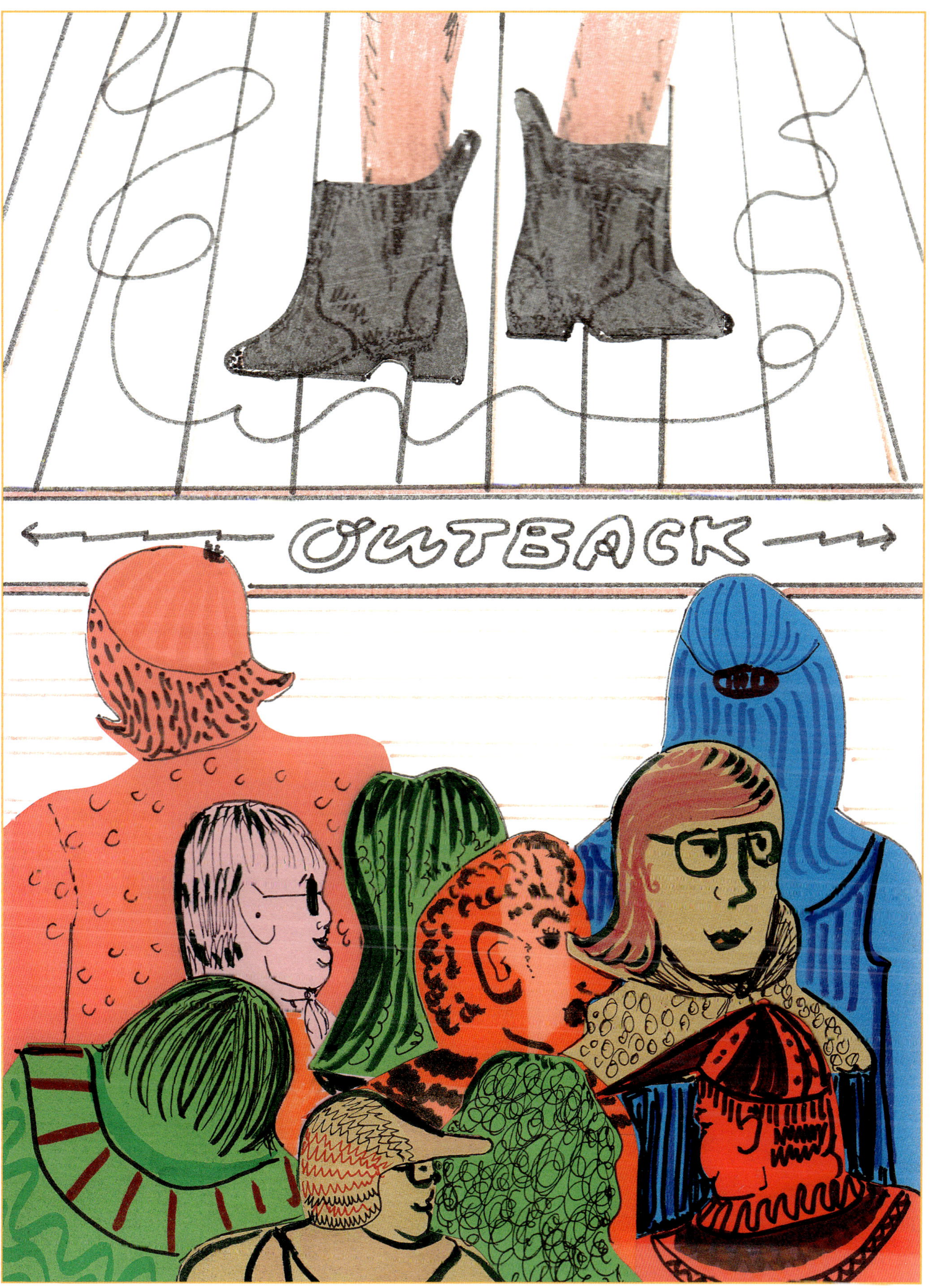

Jahrgangsstufe: 8–10

Schwierigkeitsgrad: ★ ★

Was du brauchst:
weißes Papier (DIN A4), schwarzes Tonpapier (DIN A5), Bleistift, Radiergummi, Schere, Klebestift, schwarzer Filzstift (feinzeichnend)

So geht's:

Vorbereitung:

- Teile schwarzes Tonpapier (DIN A4) waagerecht in zwei Hälften (2x DIN A5).
- Du brauchst nur eine Hälfte und kannst dir das Papier mit einem Nachbarn teilen.
- Zeichne nun mit Bleistift die **Umrisse** eines unheimlichen Tieres auf (Katze, Hund, Vogel).

Ausarbeitung:

1. Zeichne zuerst ein großes Oval für den Kopf. Erfinde große/kleine Ohren, Hörner oder zottiges Fell.
2. Ergänze Beine (zwei oder vier) und Pfoten/Klauen.
3. Beachte, dass mindestens zwei Pfoten die Grundlinie berühren müssen!
4. Denke auch an einen Schwanz oder Flügel.
5. Schneide das Monster so aus, dass alle Teile zusammenhängen.
6. Achte darauf, dass du den Hintergrund nicht zu sehr zerschneidest. Nur zwischen den Beinen entstehen kleine Teilflächen. Hebe sie sorgfältig auf.
7. Klebe nun den Hintergrund passgenau auf eine Hälfte eines weißen Blattes (DIN A4). Auch die kleinen Teilflächen müssen genau an die richtige Stelle kommen, sodass du eine weiße Negativform auf schwarzem Grund erhältst.
8. Lege nun die ausgeschnittene schwarze Form auf die weiße Fläche (sie passt genau!) und klappe sie wie eine Buchseite auf die untere Hälfte des weißen Blattes.

Wichtig:

- An der Trennungslinie berühren sich weiße und schwarze Form. Es entsteht ein perfekter symmetrischer Schatten.
- Klebe ihn sorgfältig fest.

9. Zeichne nun mit Bleistift in die weiße Form Augen, Maul, Zähne, Ohren, Haare, Federn, Höcker, Warzen …
10. Ziehe alle Linien mit feinzeichnendem schwarzem Filzstift nach.

Lösungsvorschlag

Jahrgangsstufe: 8–10

Schwierigkeitsgrad: ★★

Was du brauchst:
weißes Papier (DIN A4), Bleistift, Radiergummi, Wachsmalstifte (nicht wasserlöslich), Filzstifte, Malkasten, Wassergefäß, Pinsel (z. B. Nr. 3)

So geht's:

1. Lies folgende Redensarten durch und wähle eine aus, die du in deinem Bild, ganz wörtlich genommen, darstellen willst. Du kannst dir auch andere Redensarten suchen.
   - Ich werde dich im Auge behalten!
   - Er/sie riskiert eine dicke Lippe.
   - Das hat Hand und Fuß.
   - Er/sie hat dich/uns auf den Arm genommen.
   - Sag es durch die Blume!
2. Entwirf mit Bleistift eine oder mehrere Personen (männlich oder weiblich), die den Sachverhalt ganz wörtlich widerspiegeln.
3. Gestalte ihre Köpfe aus einem Oval oder Rechteck heraus.
4. Gib ihnen einen Gesichtsausdruck, der übertrieben überrascht, ärgerlich, ängstlich, erfreut … wirkt.

Tipps:
- Augen- und Mundstellung beachten
- sehr kleine oder übergroße Ohren
- flotte Frisuren oder spärliche Haare
- dünner, langer oder kurzer, dicker Hals
- Accessoires wie Bart, Brillen, Kopfbedeckung, Schmuck
- Deute eine Schulterpartie oder Kragenlösung an, auf der sich die gewählte Redewendung gut wörtlich platzieren lässt.
- Ziehe alle Linien mit schwarzer Wachsmalkreide nach.
- Setze mit farbiger Wachsmalkreide Schatten und weitere Akzente.
- Male mit einem dünneren Pinsel (z. B. Nr. 3) alle Partien mit stark verdünnter Malkastenfarbe aus. Male auch über die mit Wachsmalstiften gestalteten Partien hinweg.

Lösungsvorschlag

Jahrgangsstufe: 8–10

Schwierigkeitsgrad: ★ ★ ★

Was du brauchst:
weißes Papier (DIN A4 und DIN A5), hellblaues und hellbraunes Papier (DIN A5), Schere, Klebestift, Bleistift, Radiergummi, schwarze Filzstifte (verschiedene Stärken), Lineal

So geht's:

Hintergrund:

1. Nimm weißes Papier (DIN A4) senkrecht.
2. Zeichne in das obere Drittel mit Bleistift und feinzeichnendem schwarzem Filzstift Wolkenformationen (Zeichenhilfe Schritt 1).
3. Beklebe das mittlere Drittel mit hellblauem Tonpapier.
4. Deute mit blauem Filzstift kleine Wellen und Spiegelungen darauf an.
5. Zeichne entlang der Horizontlinie mit schwarzem Filzstift einige Gebirgszüge (2).
6. Schneide für das untere Drittel braunes Tonpapier oder Packpapier zurecht.
7. Gib der oberen Kante eine wellige Form.
8. Zeichne mit Bleistift oder Filzstift auf die braune Fläche ein paar Grasbüschel und klebe die Fläche auf (3).

Füße:

1. Zeichne mit Bleistift die Umrisse von zwei Füßen in Schuhen, die sich überkreuzen, auf ein weißes DIN-A5-Blatt.
   Richte dich nach der Zeichenhilfe oder erfinde ein ganz anderes Paar Schuhe.
2. Ziehe alle Umrisse mit dickem schwarzem Filzstift nach.
3. Ergänze Schuhbänder, Socken, Schlaufen, Sohlen …
4. Setze mit Bleistift Schattenzonen.
5. Schneide das Motiv aus.
6. Klebe es so auf den Hintergrund, dass es in die Landschaft hineinragt.

Zeichenhilfe und Lösungsvorschlag

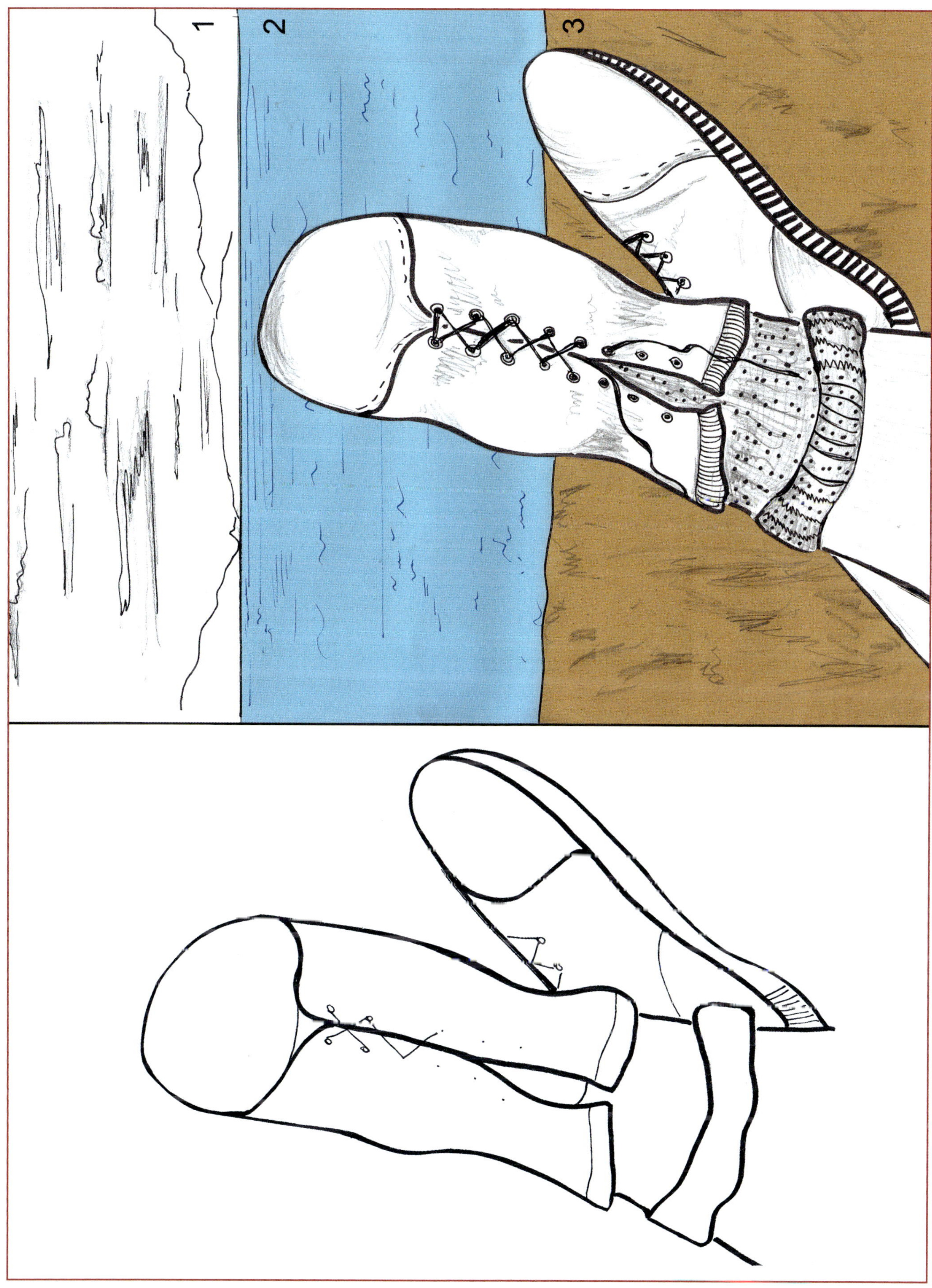

Jahrgangsstufe: 8–10

Schwierigkeitsgrad: ★ ★ ★

Was du brauchst:
weißes Papier (DIN A4), Bleistift, Radiergummi, bunte Filzstifte, schwarzer Filzstift (feinzeichnend), Buntstifte, Lineal

So geht's:

1. Nimm weißes Zeichenpapier (DIN A4) senkrecht.
2. Entwirf mit Bleistift ein Kopf-Oval (Zeichenhilfe Schritt 1) mit Augen, Ohren und einer Frisur.
3. Füge Arme und Schultern sowie einen Oberkörper hinzu (2/3).
4. Dann folgen Unterkörper (in starker Verkürzung) und die Beine/der Rock (4).
5. Ergänze Details wie Blumenstrauß, Schmuck, Kopfbedeckung, Handtasche.
6. Zeichne dahinter einen Stuhl mit Lehne, auf dem die Figur sitzt (5).
7. Lege seitlich Vorhänge und eine Raumkante an (6).
8. Fahre alle Entwurfslinien mit feinzeichnendem schwarzem Filzstift nach.
9. Gestalte alle Flächen mit Filzstiften, Buntstiften und Markern aus.

Tipp:

- Betone die Sesselflächen durch Streifenmuster. Verwende dazu ein Lineal.

Zeichenhilfe und Lösung

Jahrgangsstufe: 8–10

Schwierigkeitsgrad: ★ ★ ★

Was du brauchst:
weißes Papier (DIN A4), Bleistift, Radiergummi, schwarzer Wachsmalstift (nicht wasserlöslich), Malkasten, Wassergefäß, Pinsel (Nr. 3 / Nr. 6), schwarzer Filzstift

So geht's:

1. Nimm weißes Papier (DIN A4) senkrecht.
2. Zeichne mit Bleistift drei bis vier Hügelketten, die sich hintereinander zum Horizont hin staffeln.
3. Lege einen Weg an, der zum unteren Bildrand hin verläuft.
4. Skizziere auf der vorletzten Hügelkette einige Baumformen, die über die Horizontlinie in den Himmel ragen.

Tipps:

- Zeichne die Baumkronen als Ovale oder Kreise. Achtung, zeichne noch keine Baumstämme.
- Achte darauf, dass die Baumkronen unterschiedlich groß sind und sich überschneiden.

5. Ziehe nun mit einem schwarzen Wachsmalstift (nicht wasserlöslich) alle Entwurfslinien kräftig nach.
6. Beginne beim Ausmalen mit dem Himmel. Lege ihn in Gelb oder Orange an und male über die Baumkronen hinweg bis zur Horizontlinie (hinterste Hügelkette).

Tipp:

- Spare einige weiße Stellen als Wolken aus.

7. Male nun die hinterste Hügelkette aus.
8. Gestalte jede der Hügelketten und den Weg in einer anderen Farbe.
9. Achte darauf, dass du nur bis zur schwarzen Begrenzung (Wachsmalstift) malst.
10. Versuche auch durch Punkte und Wellen Vegetation anzudeuten.
11. Male als Letztes die Baumkronen in unterschiedlichen Farben aus. Gestalte immer die ganze Form, sodass sich in manchen Bereichen die Farben überlagern und mischen.
12. Zeichne zum Schluss noch mit schwarzem Filzstift Baumstämme ins Bild.
13. Ziehe alle Begrenzungslinien nachmals kräftig mit schwarzem Wachsmalstift nach.

Lösungsvorschlag

Jahrgangsstufe: 8–10

Schwierigkeitsgrad: ★ ★ ★

Was du brauchst:
weißes Papier (DIN A4), weicher Bleistift (z. B. B2), Radiergummi

So geht's:

1. Zeichne auf weißem Papier (DIN A4) mit einem sehr weichen Bleistift (z. B. B2) zwei Kreise:
   - einen größeren für die Stirn- und Augenpartie des Pferdes (Zeichenanleitung Schritt 1),
   - einen kleineren für das Maul (2).
2. Verbinde beide Kreise mit geschwungenen Linien (3/4).
3. Ergänze einen Hals (5) und Ohren (6).
4. Setze ein Auge an die passende Stelle.
5. Entferne alle Hilfslinien (Kreise) mit dem Radiergummi.
6. Gib dem Pferd mit dem weichen Bleistift eine schwungvolle Mähne. Dabei setzt du immer an der Halskontur an und lässt den Stift ausgleiten. Setze den Bleistift etwas seitlich an, sodass breitere Spuren entstehen.
7. Arbeite die Nüstern und das Maul heraus, indem du Schatten und Schraffuren setzt.
8. Gestalte das Fell an der Stirn durch kleine nebeneinandergesetzte Striche, Kritzel und Punkte.
9. Betone die Kinnlade des Pferdes mit einem Kreisbogen.
10. Zeichne mit der Bleistiftspitze die Konturen des Auges und der Ohren deutlich nach.

Zeichenanleitung und Lösungsvorschlag

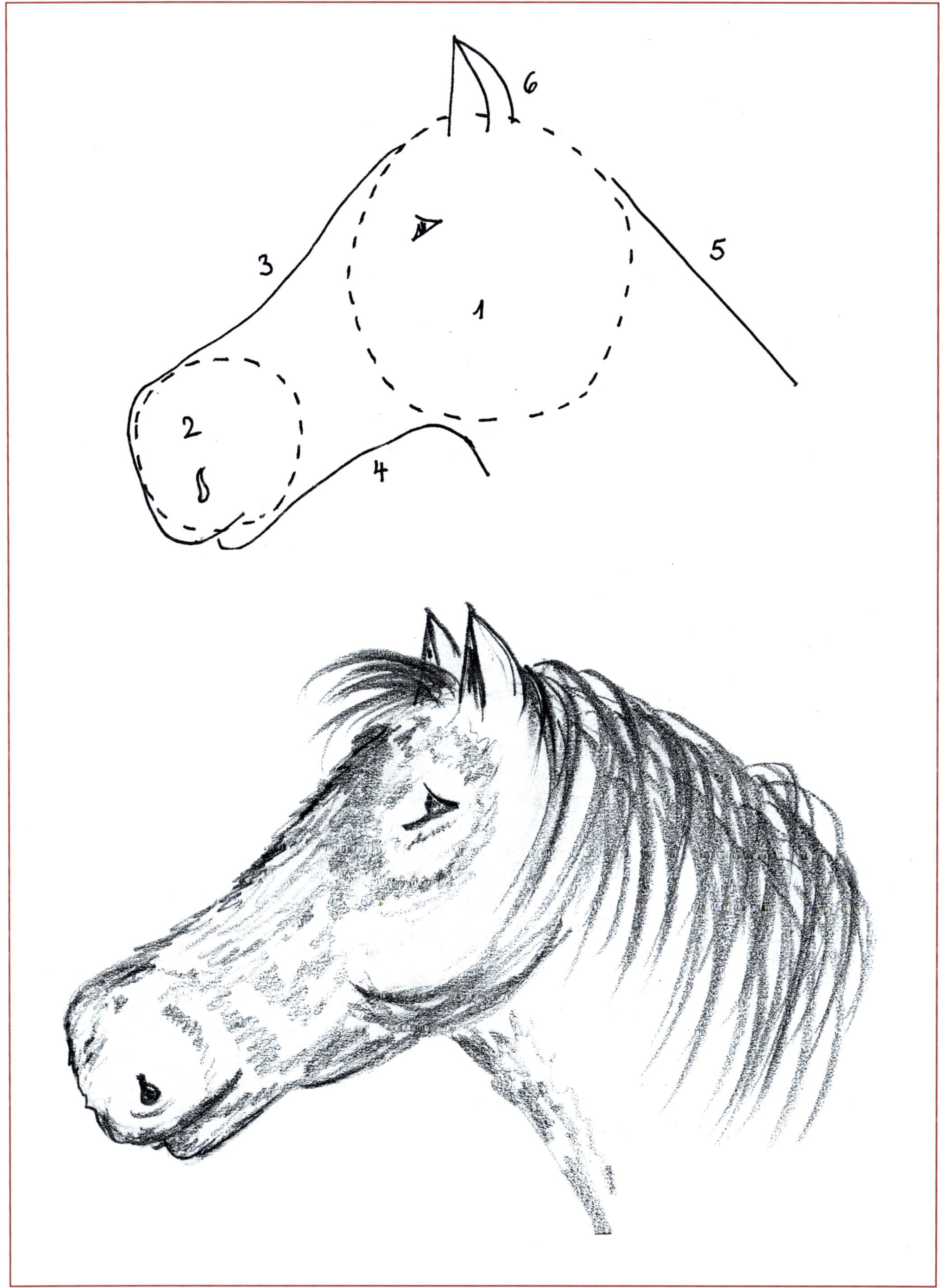

Jahrgangsstufe: 8–10

Schwierigkeitsgrad: ★ ★ ★

Was du brauchst:
weißes Papier (DIN A4), Bleistift, Lineal, schwarzer Filzstift, schwarzer Wachsmalstift, Malkasten, Wassergefäß, Pinsel (z. B. Nr. 6)

So geht's:

1. Nimm weißes Papier (DIN A4) senkrecht.
2. Zeichne mit schwarzem Wachsmalstift an den Längsseiten zackige Klippen und Felsen, die ins Bild ragen. Drücke fest mit dem Stift auf.
3. Lege mit Lineal und Bleistift eine Horizontlinie fest.
4. Zeichne ein Schiff ein, das man in der Ferne sieht.
5. Entwirf mit schwarzem Filzstift entlang der Horizontlinie kleine Wellen. Zeichne darunter weitere Wellenlinien. Sie sollen sich nicht überschneiden.
6. Lass die Abstände für die nächsten Wellenformationen größer werden.
7. Zeichne auch Gischt und sich überschlagende Wellen.
8. Deute vor allem im Bereich der Klippen heftige Wellenbewegungen an.
9. Fülle auf diese Weise die gesamte Fläche bis zum Vordergrund.
10. Zeichne nun mit schwarzem Wachsmalstift über der Horizontlinie Wolkenformationen ein. Drücke dabei mit dem Stift nur leicht auf.
11. Tauche einen Pinsel (z. B. Nr. 6) in klares Wasser und vermale die Wellenlinien wie bei einem Aquarell. Lass dabei auch weiße Flächen unbearbeitet stehen.
12. Nimm mit dem Pinsel stark verdünntes Schwarz aus dem Malkasten auf.
13. Male die Klippen damit aus. Lass auch hier ab und zu einige Stellen unbearbeitet.
14. Lass das Blatt trocknen.

Lösungsvorschlag

Jahrgangsstufe: 8–10

Schwierigkeitsgrad: ★★★

Was du brauchst:
weißes Papier (DIN A4), Malkasten, Wassergefäß, Pinsel (z. B. Nr. 6), Küchenpapier zum Reinigen des Pinsels, Probepapier, dünne Pappe (z. B. Fotokarton), Schere

So geht's:

1. Benetze im Malkasten folgende Farbnäpfchen mit Wasser: Orange, Ocker, Braun, Schwarz
2. Schneide aus dünner Pappe kleine Streifen in verschiedener Länge und Breite zurecht (z. B. 2 cm x 8 cm).
3. Lege weißes Papier (DIN A4) bereit.
4. Bemale mit einem breiteren Pinsel (z. B. Nr. 6) die kurze Seite eines Pappstreifens mit Farbe.

Tipps:

- Beginne mit hellen Farben.
- Mache vorher Versuche auf einem Probepapier.

5. Drücke die Pappkante mehrmals hintereinander und untereinander auf das Papier (Stängel und Stiele).
6. Drehe den Pappstreifen um einen Punkt (Dolden).
7. Falte den Pappstreifen kleiner und drücke ihn auf das Papier (Blätter).
8. Wechsle zu Pappstreifen in einer anderen Größe.
9. Trage immer wieder neue Farbe auf.
10. Wasche den Pinsel gut aus, bevor du zu Motiven in Schwarz oder Braun übergehst.
11. Setze in die Mitte der Blüten Akzente, indem du nur mit der Ecke des Streifens druckst.
12. Verdichte den Strauß nach unten durch kurze Gräser und Rispen in den Zwischenräumen.

Lösungsvorschlag

Jahrgangsstufe: 8–10

Schwierigkeitsgrad: ★ ★ ★

Was du brauchst:
weißes Papier (DIN A4), Bleistift, Radiergummi, Malkasten, Wassergefäß, Pinsel (Nr. 6), schwarzer Filzstift (breitere Strichstärke), Buntstifte, farbige Filzstifte (feinzeichnend)

So geht's:

1. Nimm weißes Papier (DIN A4) senkrecht.
2. Entwirf mit Bleistift ein Gesicht im Profil (Zeichenhilfe Schritt 1).
3. Zeichne einen Hinterkopf dazu (2).
4. Teile die Gesichtsfläche senkrecht durch eine geschwungene Linie (3), die ungefähr dem Haaransatz entspricht.
5. Zeichne in beide Hälften je ein Auge. Achte darauf, dass sie nicht gleich ausfallen und nicht auf gleicher Höhe liegen (4/5).
6. Füge nun eine Kopfbedeckung (z. B. Hut) und eine Hals-/Schulterpartie hinzu.
7. Teile Flächen für die Haare ab.
8. Male mit einer beliebigen kräftigen Malkastenfarbe den Hintergrund aus.
9. Ziehe alle Bleistiftlinien mit dickem schwarzem Filzstift nach.
10. Verstärke manche Linien und lass sie an- und abschwellen.
11. Zeichne Details hinzu: Locken, Strähnen, Wimpern, Augenbrauen, Schmuck …

Tipp:

- Du kannst die weißen Flächen zusätzlich mit Buntstiften oder feinzeichnenden Filzstiften ausgestalten.

Zeichenhilfe und Lösungsvorschlag

Jederzeit optimal vorbereitet in den Unterricht?

»